MMag. Eva Maria Lach
Johann Lach

Klagenfurt entdecken

Verborgene Schönheiten
und urbane Impulse
zwischen Renaissance
und Moderne

Historische Einleitung:
Dr. Wilhelm Deuer

www.alpen-adria-verlag.at

1518–2018
Im Jahre 1518 schenkte Kaiser Maximilian I. nach einem Brand die fast vollständig zerstörte Stadt an die Kärntner Landstände (Gesamtheit des grundbesitzenden Adels und der hohen Geistlichkeit), die dann im Laufe des 16. Jahrhunderts die Stadt vergrößern und befestigen ließen und Klagenfurt zu ihrer Residenz- und Landeshauptstadt machten.

Impressum
ISBN 978-3-200-05525-4
Medieninhaber, Verleger, Herausgeber: Johann Lach
9020 Klagenfurt am Wörthersee
© 2017 by Alpen-Adria-Verlag, www.alpen-adria-verlag.at
Alle Rechte vorbehalten
Idee, Konzeption, Redaktion: MMag. Eva Maria Lach, Johann Lach

Gesamtherstellung
Christian Theiss GmbH, 9431 St. Stefan im Lavanttal, Am Gewerbepark 14

Historische Beratung/Redaktionelle Mitarbeit
Dr. Wilhelm Deuer, Mag. Robert Wlattnig

Lektoren
Bakk. Eva Druck, Mag. Reinfried Oblasser

Dank
Am Anfang ist die Idee und am Ende das fertige Buch. Klingt einfach, ist es aber nicht. Ohne die Hilfe zahlreicher Personen, die in vielfältiger Art und Weise unterstützend gewirkt haben, würde es dieses Buch nicht in der nunmehr vorliegenden Form geben. Für die sachlichen Hinweise, Ideen, Anregungen und die Unterstützungen ist hier namentlich nicht explizit genannten Impulsgebern ein herzliches Danke gesagt. Vieles entsteht, indem man ans Werk geht. Deshalb war dieses Buch auch für uns persönlich eine Bereicherung und Erfahrung zugleich. Für die Bereitstellung von Informationen möchten wir danken: dem Landesmuseum für Kärnten, dem Kärntner Landtagsamt, der Kärntner Arbeiterkammer sowie der Wirtschaftskammer Kärnten und vor allem dem Kärntner Landesarchiv. Der größte Dank gilt aber all jenen, die bereit waren, ihre Häuser und Palais zu öffnen und uns damit ermöglichten, auch hinter die Fassaden blicken zu können. Unschätzbare Arbeit leisteten auch die Lektoren, die Unklarheiten beseitigten und Fehler eliminierten.

INHALT

9	Faszinierendes Klagenfurt
12-15	Klagenfurt – Stationen einer ungewöhnlichen Stadtgeschichte
20-21	Die Stadt am Wörthersee
22-23	Ursprung an der Glan
24-29	Kärntner Landstände und das Landhaus
30-37	Einzigartiges Flair auf dem Neuen Platz
40-53	Alter Platz – Zentrum der mittelalterlichen Stadt
54-97	Flanieren und Geschichte erleben
98-117	Bauten an den Ringstraßen
118-121	Innenhöfe vermitteln den Zauber des Südens
122-123	Platz für das öffentliche Leben
124-125	Spaziergang durch die engen Gassen
126-135	Brunnen als „Marksteine" an Plätzen, Wegen und Straßen
136-137	Reste der einstigen Stadtmauer sind noch vorhanden
138-139	Parkanlagen anstelle des Wassergrabens
140-169	Zeugnisse kultureller Entwicklung und Erinnerung
170-171	Gedächtnisstätten – Erinnerung
172-173	Friedhöfe als Spiegelbilder der Gesellschaft
174-181	Ehrlicher Umgang mit der Geschichte
182-183	Palais der Erzherzogin Anna Maria
184-189	Kirchtürme bilden die Stadt-Silhouette
190-193	Lendkanal verbindet Stadt und See
194-195	Europapark – Symbol für die Weltoffenheit
196-197	Europaschutzgebiet „Lendspitz-Maiernigg"
198-201	Wörthersee fasziniert Tag für Tag
202-205	Willkommen im Wintermärchen
206-207	Kreuzbergl – das Wohn- und Freizeitgebiet
208-209	Schlösser und Herrensitze
210-211	Gebäude in modernen „Kleidern"
212-217	Funktionalität optisch verpackt
218-223	Facetten der Mobilität

224-225	Einstiger Glanz ist verblasst
226-235	Entwicklung außerhalb der ehemaligen Stadtmauer
236-237	Wohnen mit Ausblick auf die Stadt
238-239	Wörthersee-Architektur
240-241	Spektrum an Sammlungen und Ausstellungen
242-243	Kunstvoll sehenswert
244-245	Immer eine Freizeit-Alternative
246-247	Natürlich schön und interessant
248-249	Das Staunen findet zu jeder Jahreszeit statt
250-251	Erholungsräume an den Flüssen
252-253	Auf zwei Rädern die Vielfalt entdecken
254-255	Regen bringt Segen – auch für die Stadt
256-257	Ländliche Idylle unweit vom Zentrum
258-259	Fronleichnamsprozession
260-261	Die Zeit um Ostern und den Advent
262-269	Immer viel los um den Lindwurm
270-271	Ausdruck von Freude inmitten der Stadt
272-273	Eintauchen in ein Klangerlebnis
274-275	Tradition und Brauchtum
276-279	Sportliches Klagenfurt und das Vereinsleben
280-283	Erfinder und Künstler, die Geschichte schrieben
284-285	Bildung und Ausbildung
286-287	Partnerschaftliche Städteverbindung
288-289	Klagenfurt und ihr Ruf als Gartenstadt
290-291	Weinbau in Klagenfurt
292-295	Märkte sind mehr als ein Handelsplatz
296-301	Gastliches Klagenfurt / Gut essen und trinken / Kaffee und Kuchen
302-303	Nächtliche Stille über der Stadt
304-307	Historische Bildchronik
308-309	Stadtplan von Klagenfurt
310-311	Quellenverzeichnis/Literatur

Faszinierendes Klagenfurt am Wörthersee

Ohne den historischen Stadtkern mit den geschichtsträchtigen Gebäuden und ohne die Kulturgüter aus den vergangenen Jahrhunderten wäre Klagenfurt am Wörthersee nicht so einzigartig wie es ist. Auf Schritt und Tritt begegnet man Zeugnissen aus der älteren und jüngeren Vergangenheit. Dem aufmerksamen Betrachter präsentiert sich ein faszinierendes architektonisches Mosaik aus Renaissance, Barock, Biedermeier und Jugendstil.

Klagenfurt hat keine weltberühmten Paläste oder Kathedralen zu bieten, auch keine antiken Monumente. Klagenfurt „glänzt" durch seinen unverwechselbaren Charakter. Durch die Vielfalt der Fassaden bekommt die Stadt ihre individuelle Einzigartigkeit. Die Besitzer der Häuser haben in all den Jahren bewiesen, dass ihnen die Geschichte ihrer Stadt sehr am Herzen liegt und sorgten durch die permanente Revitalisierung für eine unvergleichliche Atmosphäre eines lebendigen historischen Zentrums. Geschichtsträchtige Gebäude, Statuen, Brunnen, Plätze und Parkanlagen sowie der Lendkanal wie auch der See stellen ein homogenes Stadtbild dar. Gleich drei Mal (1981, 1984 und 1995) erhielt Klagenfurt das begehrte Europa-Nostra-Diplom.

Dieses Buch ist kein Geschichtsbuch im traditionellen Sinne. Es entführt auf Plätze, die oft mehr Atmosphäre ausstrahlen als so manche berühmte Sehenswürdigkeit. Viele verborgene Schätze, die man nicht immer bewusst wahrnimmt oder an ihnen achtlos vorübergeht, werden in den Blickpunkt gerückt. Die Erklärungen beschränken sich dabei auf die wichtigsten Daten und Fakten und dienen als Grundinformation. Die bildhafte Darstellung steht im Vordergrund. Alles, was in Klagenfurt Stil, Charme sowie eine besondere historische Bedeutung hat, lässt sich auf 312 Buchseiten nicht abbilden. So ist es nur möglich, einen Teil der spannenden Zeugnisse aus der älteren und jüngeren Vergangenheit wie auch aus der Gegenwart festzuhalten.

Das vorliegende Buch ist eine Einladung zu einer Entdeckungsreise in einer Stadt mit spannender Geschichte. Viel Freude beim Flanieren durch die Buchseiten und auch das anschließende Kennenlernen der Originalschauplätze.

Der Herausgeber

1 Klagenfurt am Wörthersee [Blick von Lipizach aus, Hochfläche der östlichen Sattnitz]   Eine Stadt mit einer interessanten Vergangenheit, zukunftsorientierter Moderne und einem ganz besonderen Ambiente. Das Angebot an Kultureinrichtungen und Sehenswürdigkeiten sowie hoher Lebensqualität ist hier inkludiert. Zahlreiche Denkmäler und Bauten „erzählen" von der Vergangenheit. Der traumhafte Wörthersee, direkt vor der Haustür, unterstreicht diese Einzigartigkeit. Im Sommer ist der See das Wohnzimmer. Klagenfurt ist aber zu jeder Jahreszeit interessant.

Klagenfurt – Stationen einer ungewöhnlichen Stadtgeschichte

Die Gründung und Entwicklung der späteren Landeshauptstadt Klagenfurt weist einige Besonderheiten auf, die sie von den anderen österreichischen Landeshauptstädten wesentlich unterscheidet. So boten die Bodenverhältnisse im östlichen Hinterland des Wörthersees für eine frühe Siedlungsgründung viele Nachteile: Die ältesten, heute nach Klagenfurt eingemeindeten (Kirch-)Dörfer wie St. Ruprecht, St. Peter, St. Martin, Viktring und Schrelz (heute Ebenthal) lagen etwas erhöht nahe den gefürchteten Sümpfen oder auf halbwegs trockenen Schotterinseln. Sie sind im Hochmittelalter vermutlich ab dem 10. Jahrhundert entstanden, jedenfalls deutlich früher als Klagenfurt selbst.

Den Entschluss zur Gründung einer Marktsiedlung privilegierter Bürger, die Handel oder ein Handwerk betreiben, fasste wohl Herzog Hermann († 1181) aus dem Geschlechte der aus Rheinfranken stammenden Spanheimer, die seit 1122 Kärntner Herzöge waren, aber im Kärntner Zentralraum nur um St. Veit und am Zollfeld umfangreichere Herrschaftsrechte innehatten. Einerseits wollte er das Verkehrsmonopol des „schrägen Durchganges" zwischen Wien und Venedig brechen, dessen wichtigster Drauübergang Villach samt dem Kanaltal in den Händen des Bamberger Bischofs lag, und andererseits einen eigenen Übergang von St. Veit über die Drau und den Loiblpass nach Krain schaffen, wo sich mit Laibach (Ljubljana) und Landstrass (Kostanjevica) weitere wichtige Orte in seinem Besitz befanden. Die Grundlage zur Urbarmachung der Wörthersee-Ostbucht hatte bereits 1142 Graf Bernhard von Spanheim, ein Großonkel Hermanns, durch die Gründung und reiche Ausstattung des Zisterzienserklosters Viktring geschaffen. Der noch junge, aber ob seiner straffen Organisation und Strenge bereits populäre und über ganz Europa expandierende Orden war auf die Kultivierung abgelegener oder unwirtlicher Gebiete spezialisiert. So entstand zwischen Glan und Spitalberg, nördlich des heutigen Landeskrankenhauses, bereits wenige Jahre darauf eine erste kleine Marktsiedlung, die anlässlich einer herzoglichen Zollbefreiung des Klosters St. Paul in einer Urkunde zwischen 1192 und 1199 erstmals erwähnt wird.

Ihr Name „Chlagenuurt" gibt noch heute Rätsel auf. Naheliegenderweise sollte man an eine „Furt über die Glan" denken, allein die Sprachwissenschafter lehnen diese Deutung ab und schlagen stattdessen eine „Furt der Klage" vor, womit die gefährdete Lage des Ortes inmitten von Sümpfen zum Ausdruck kommen sollte. Im 1287 erstmals überlieferten Stadtwappen mit dem Lindwurm, der mit dem Fund eines Wollnashornschädels in der Lindgrube am Zollfeld in Zusammenhang gebracht wird, hat diese Klage auch eine bis heute als Wahrzeichen nachwirkende Symbolfigur erhalten.

Dieses Alt-Klagenfurt an der Glan hatte nur kurzen Bestand und musste aufgrund häufiger

Überschwemmungen bereits um die Mitte des 13. Jahrhunderts aufgegeben werden. Als neuer Siedlungsplatz wurde etwa anderthalb Kilometer südlich eine Schotterinsel inmitten der Sümpfe ausgewählt. Ein unregelmäßig erweiterter Straßenmarkt in Ost-West-Richtung, der heutige Alte Platz, etwas schräg gekreuzt von der Fernstraße St. Veit–Loibl–Laibach (heute Wiener Gasse und Kramergasse) bildete das Zentrum, wurde ummauert und besaß 1279 schon Stadtrechte.

Die Stadt war durch das gesamte Mittelalter hindurch überaus klein und bescheiden: Eine erste Marienkirche, die später das Patronat des heiligen Ägydius übernahm, blieb bis ins 17. Jahrhundert Vikariat des Kollegiatkapitels Maria Saal. Ein Bürgerspital zum Heiligen Geist wurde westlich außerhalb der Stadtmauern errichtet und bis zur Neuzeit gab es keine städtische Klostergründung. Klagenfurt stand im Schatten des herzoglichen Vorortes St. Veit und auch der zweitwichtigsten Stadt Völkermarkt. Auch die geistlichen Hauptorte Friesach (im Mittelalter gleichsam eine Nebenresidenz des Salzburger Erzbischofs), Villach (der Kärntner Handels- und Verkehrsknoten schlechthin) und Wolfsberg (seit dem 14. Jahrhundert Hauptort der bambergischen Verwaltung in Kärnten) überragten Klagenfurt an politischer, wirtschaftlicher und kultureller Bedeutung.

Dementsprechend unauffällig stellt sich die Klagenfurter Stadtgeschichte bis ins frühe 16. Jahrhundert dar. Doch das gesamte Land war seit dem Spätmittelalter ins politische Abseits geraten: Seit dem Amtsantritt der Habsburger als Kärntner Herzöge 1335 hatte kein Landesfürst mehr in Kärnten dauerhaft residiert, eine Hofhaltung wie in der Residenzstadt Wien oder in den Zentralorten der zeitweiligen habsburgischen Länderteilungen Graz und Innsbruck fehlte gänzlich. Parallel dazu stiegen die Landstände, die Gesamtheit des grundbesitzenden Adels und der hohen Geistlichkeit, seit dem 15. Jahrhundert als Partner und Konkurrenten des Landesfürsten in ihrer Bedeutung auf. Es liegt nahe, dass die Landstände den Mangel einer landesfürstlichen Residenz zu kompensieren suchten. Ein Bauern- und Knappenaufstand mit einem Zentrum in Althofen, bei dem die bisherige landesfürstliche Hauptstadt St. Veit den landständischen Truppen den Durchzug verwehrte, bot den Anlass für ein bemerkenswertes Experiment: Am 24. April 1518 überreichte der bereits von schwerer Krankheit und ständiger Geldknappheit geplagte Kaiser Maximilian I. einer Delegation der Stände den sogenannten „Gabbrief", mit dem er seine Stadt Klagenfurt den Kärntner Ständen schenkte. Seine Hauptsorge, die durch einen Brand überdies in Mitleidenschaft gezogene Stadt nach modernen Erkenntnissen befestigen zu müssen, spielte somit – auch angesichts der Türkengefahr – den Landständen in die Hände, die ohnehin den Willen hatten, ein neues Zentrum für die ständische Repräsentation zu gründen.

Die Bürger verloren zunächst alle bisherigen landesfürstlichen Privilegien und widersetzten sich – allerdings erfolglos – dem Besitzerwechsel. Die Landstände setzten aus ihren Reihen einen Burggrafen ein, der als höchster Funktionär die Aufsicht über die Stadt innehatte sowie als militärischer Befehlshaber fungierte. Zweifelsohne befördert durch die erste Wiener Türkenbelagerung 1529 und den verheerenden osmanischen Einfall in die Oststeiermark drei Jahre später ließen die neuen Herren zunächst auf ein neu ausgestecktes verschobenes Quadrat von etwa 750 Metern Seitenlänge ein „Stadtgepew" nach venezianischem Vorbild mit Graben, Wall, Basteien und vier Toren in jeder Seitenmitte setzen. Schon 1527 hatte man mit der Aushebung des Lendkanals begonnen, mit welchem die Stadt mit Bau- und Heizmaterial sowie Lebensmitteln aus dem Hinterland des Wörthersees versorgt werden sollte. Während dieser Bautätigkeit setzten sich italienische Bauhandwerker gegenüber den einheimischen durch und mit ihnen die Stilformen der oberitalienischen Renaissance. Ab den sechziger Jahren war die Befestigung bis auf die repräsentative Ausstattung der Stadttore abgeschlossen.

Nunmehr erfolgte die Ausmittlung der Straßen und Plätze im Inneren: Um den eindrucksvollen längsrechteckigen Neuen Platz, der im Schnittpunkt der Achsen angelegt wurde, repräsentativen Zwecken dienen sollte und zunächst adeligen Bauherren vorbehalten war, erfolgte die Bebauung rechtwinkelig im Rastersystem. Der ovale und unregelmäßige Bereich des mittelalterlichen landständischen Klagenfurts wurde in den nördlichen Abschnitt des neuen Renaissancegevierts integriert. Vor allem in den siebziger und achtziger Jahren des 16. Jahrhunderts füllte sich die Stadt mit Bürgerhäusern, aber auch immer mehr mit adeligen und geistlichen Freihäusern. Den Höhepunkt der Ständemacht bildete ab 1574 der Bau des Landhauses mit seiner bis heute charakteristischen offenen Hufeisenform und den Renaissancearkaden zwischen dem Turmpaar. Parallel dazu entstand um die Stadt ein Schlösserkranz, teils durch Umbauten mittelalterlicher Türme oder Burgen (Hallegg, Tentschach, Sandhof), teils durch völlige Neubauten auf „grünem Wasen" (Ebenthal, Welzenegg, Maregegg oder Annabichl). All das waren Begleitmaßnahmen der neuen ständischen Residenz und Hauptstadt.

Seit den dreißiger Jahren des 16. Jahrhunderts hatte Luthers Lehre auch in Klagenfurt Fuß gefasst, doch erst 1563 ist eine „deutsche Möss" nachgewiesen. Das „Brucker Libell" von 1578 bedeutete den Höhepunkt der protestantischen Kultur, die mit der Errichtung der ständischen Predigerkirche (1581–91) in der Mittelachse eines neuen geräumigen Bürgerspitals als Emporensaal nach den Vorstellungen Martin Luthers einen demonstrativen baulichen Niederschlag fand. Die Reformation setzte auch auf Bildung: ab 1586 wurde das „Collegium sapientiae et pietatis" als höhere Lateinschule errichtet und mit renommierten

Lehrern versehen. Zusätzlich betrieben die Stände in ihrer neuen Hauptstadt von 1529 bis 1622 eine eigene Münzstätte.

Seit 1600 setzte aber massiv die Gegenreformation ein, der vier Jahre später die Ansiedlung von Jesuiten im Bürgerspital und schließlich 1628/1629 die Ausweisung aller Protestanten folgte. Viele gingen ins württembergische oder Nürnberger Exil. Klagenfurt erlitt dadurch einen wirtschaftlichen und kulturellen Aderlass, der erst ab der Mitte des 17. Jahrhunderts durch eine neue katholische Führerschicht – etwa durch das Geschlecht der (Orsini-) Rosenberg – beendet wurde. Die folgende verstärkte Bautätigkeit stand jedoch nicht im Zeichen des italienischen Barock, sondern blieb weiterhin dem lokalen Manierismus verpflichtet. Die zunächst verhassten Jesuiten vermochten allmählich als Betreiber eines Gymnasiums durch gezielte Maßnahmen (pompöse Inszenierungen von Theater und Messen) die Volksfrömmigkeit in ihre Richtung zu wenden – sie brachten einen ersten barocken Glanz in die Stadt. Dafür blieb die Ständeschule geschlossen – ihre Räumlichkeiten bezog der ständische Burggraf, daher hinkünftig „Burg" genannt. Später konnten auch hohe landesfürstliche Besuche hier untergebracht werden.

Doch die „ständische Residenz" verlor durch den wachsenden landesfürstlichen Absolutismus zunehmend an Strahlkraft. Als 1619 der bisherige Erzherzog Ferdinand als Kaiser nach Wien zog und mit ihm der innerösterreichische Hof, vergrößerte sich die Distanz zur Residenz weiter. Wer politische Karriere machen wollte, musste „die Hofsuppe löffeln" und Kärnten verlassen. Die kostspielige Türkenabwehr, der Rückgang des im Spätmittelalter so wichtigen Kärntner Edel- und Buntmetallbergbaues, aber auch des Transithandels entlang des „Schrägen Durchgangs" brachten neben der politischen Randlage auch eine wirtschaftliche Provinzialisierung Kärntens mit sich – worunter auch seine Hauptstadt litt.

Das Barock hielt späten und verhaltenen Einzug in Klagenfurt (etwa mit der Schutzengelkirche nordöstlich der Stadtbefestigung, die allerdings abgerissen wurde). Erst der Stadtbrand von 1723 öffnete gleichsam die Schleusen. Beim Wiederaufbau entstanden zahlreiche barocke Fassaden sowie Stuckdecken in den Gebäuden. Den Höhepunkt bildete die Umgestaltung der Räumlichkeiten des Landhauses durch die Fresken des Josef Ferdinand Fromiller ab 1740. Aber die darauf zu sehenden Wappen und historischen Szenen waren großteils historische Anspielungen und konnten nicht darüber hinwegtäuschen, dass die Ständemacht vergangen war. Einen Eindruck barocker Kultur vermitteln die beiden Erbhuldigungen Kaiser Leopolds I. 1660 (in einem illustrierten Druckwerk überliefert) und seines Sohnes Karl VI. 1728 (im Deckengemälde des Großen Wappensaales detailreich dargestellt).

Schon unter Maria Theresia (1740-80) folgte die Ernüchterung: Sie führte konsequent die Entmachtung des ständischen Regiments durch, was zur Abschaffung des Landeshauptmannes, Landesverwesers, des Burggrafen und Vizedoms (landesfürstlicher Güterverwalter) führte. Stattdessen stärkte sie die landesfürstliche Zentralverwaltung und führte Mittel- und Unterbehörden, wie Kreisämter, ein. Die starken Eingriffe in Bildung (Schulpflicht) und Religion beeinflussten das Kultur- und Kunstschaffen nachhaltig. Immerhin wählte ihre Tochter Maria Anna den auf Spenden angewiesenen Klagenfurter Elisabethinenkonvent als dauerhaften Residenzort, wofür der kaiserliche Hofarchitekt Nicolas Pacassi ein Palais plante. Sie selbst war bald Mittelpunkt eines schöngeistigen, aufgeklärten Personenkreises.

Der Höhepunkt der staatlichen Intervention in die traditionellen Freiheiten des Landes erfolgte allerdings unter ihrem Sohn Joseph II. ab 1780: Kärnten wurde politisch völlig dem innerösterreichischen Gubernium in Graz unterstellt, womit Klagenfurt gleichsam von einer Landeshauptstadt zu einem mittleren Verwaltungszentrum degradiert wurde. Den Gurker Bischof zitierte der Kaiser 1787 von seiner gerade erst errichteten neuen Residenz Pöckstein dauerhaft nach Klagenfurt, wo er nach dem Tod Erzherzogin Maria Annas ihr bisheriges Palais bezog, in welchem die Bischöfe bis zum heutigen Tage amtieren. Bereits die Aufhebung der Jesuiten hatte seit 1773 in Klagenfurt vor allem durch den Verlust des Gymnasiums eine Lücke hinterlassen, aber noch schlimmer wirkte sich die Aufhebung des reichen Klosters Viktring im Jahre 1786 aus. Immerhin wandelten die aus der Carnia stammenden Gebrüder Moro die Konventräume erfolgreich in eine Tuchfabrik um. 1765 hatten Johann Michael von Herbert an der Nordwestecke der Stadt eine Bleiweißfabrik und sechs Jahre später Jan Thys eine Tuchfabrik angesiedelt, doch blieb die Epoche die einer der verordneten staatlichen Sparsamkeit.

Die ganz Europa verändernden Franzosenkriege brachten den habsburgischen Ländern Krieg und Staatsbankrott, Klagenfurt neben mehrmaliger Besatzung (inklusive Aufenthalt Napoleon Bonapartes) und Zwangsrequirierungen auch die gewaltsame und rücksichtslose Sprengung der manieristischen Stadtbefestigung ein. Die Restaurierung der politischen Ordnung durch den Wiener Kongress 1814/15 hinterließ ein verarmtes, politisch bevormundetes Land. Das in der österreichischen Kulturgeschichte gerne verklärte Biedermeier (1815-1848) war besonders in der Provinz eine Zeit bitterer Armut und Rückständigkeit, ohne Mitsprache der Bevölkerung in allen Fragen der Politik und Wirtschaft. Erst seit den dreißiger Jahren des 19. Jahrhunderts setzte ein vor allem von friulaner Handwerkern getragener Bauboom ein, der in Klagenfurt mit der Bebauung der Umgebung der gesprengten Festung eine besondere Aufgabe erhielt. Doch für künstlerische Betätigung fehlten weitgehend die Mittel und die damals einsetzende

Abwanderung talentierter Persönlichkeiten von Kultur, Kunst und Wissenschaft ist bis zum heutigen Tage ein Problem geblieben.

Die Folgen der Revolution von 1848 veränderten die habsburgischen Länder nachhaltig. Im folgenden Jahr wurde Kärnten wieder eigenständiges, nicht nachgeordnetes Kronland, und Klagenfurt war politisch den anderen Landeshauptstädten wieder gleichgezogen. Die Verwaltung brauchte Platz, das Bürgertum als eigentlicher Gewinner der Reformen – weil der Adel endgültig seine Vorrechte verloren hatte – verwirklichte schrittweise seine Ideale einer neuen Gesellschaft: In Klagenfurt wurde der Stadtgraben eingeebnet und stattdessen die Ringstraßen angelegt sowie teilweise „parkisiert". Dazu wurden die Grünanlagen am Kreuzbergl als Naherholungsbereich mit dem Schweizerhaus als gastronomischer Attraktion geschaffen. Mit der Strecke Marburg (Maribor) – Klagenfurt bekam Kärnten etwas verspätet seine erste Eisenbahnverbindung, die auch dem Seetourismus bald wichtigste Impulse geben sollte. Die Stadt erhielt mit dem Landesmuseum „Rudolfinum", den Musiksälen (heute Konzerthaus) sowie dem Stadttheater (aus Anlass des 60-jährigen Thronjubiläums Kaiser Franz Josephs errichtet) neue Repräsentationsbauten; ebenso höhere Schulen wie das Realgymnasium, die Staatsgewerbeschule, aber auch Bürger- und Volksschulen. Auch ein Landeskrankenhaus gehörte zum Bauprogramm der neuen bürgerlichen Gesellschaft. Die in den Nordosten der alten Stadtbefestigung eingefügten Bauten der Lederfabrik Neuner sind erst vor einigen Jahren durch das Geschäftsgebäude der City-Arkaden ersetzt worden. Im Stadtzentrum wurden Geschäfts-, Miet- und Zinshäuser errichtet – alles in Formen des Historismus, der Nachahmung historischer Stile. Am Stadtrand, vor allem gegen den See zu, der eine immer größere Rolle für den städtischen Tourismus spielen sollte, und am Kreuzbergl, entstanden Villenkolonien.

Diese „Gründerzeit" sollte, unterbrochen durch den Börsenkrach von 1873, bis zum Ersten Weltkrieg dauern und Klagenfurt in eine bürgerliche Gewerbe-, Dienstleistungs- und Schulstadt verwandeln. Südlich der Eisenbahn erwuchs in St. Ruprecht eine rechtlich von Klagenfurt unabhängige Arbeitergemeinde, die 1920 für wenige Jahre sogar zur Stadt aufstieg.

Diese gründerzeitliche Blüte fand mit dem Ersten Weltkrieg ein abruptes Ende. Ein spätes Denkmal verkörpert das von Franz Baumgartner geplante Künstlerhaus. Zum Zerfall der Habsburgermonarchie und den damit verbundenen politischen und wirtschaftlichen Problemen gesellten sich die Gebietsansprüche des neu gegründeten Nachbarstaates SHS (Staat der Slowenen, Kroaten und Serben, also dem ehemaligen Jugoslawien), der die gemischtsprachigen Teile Kärntens beanspruchte, einmarschierte und dabei auch die Landeshauptstadt vom 6. Juni bis 30. Juli 1919 besetzte. Immerhin wurde den besetzten Gebieten eine Volksabstimmung unter internationaler

Aufsicht zuerkannt, die am 10. Oktober 1920 stattfand und eine deutliche Mehrheit für Österreich erbrachte – eines der wenigen Beispiele ausgeübten Selbstbestimmungsrechtes in Europa! Inflation und politisches Lagerdenken trübten die Zwischenkriegszeit, in welcher in Klagenfurt 1924 das erste Arbeiterkammergebäude Österreichs und vier Jahre später das größte Strandbad Mitteleuropas eröffnet werden konnten. Der kleinstädtische Charakter verhinderte, dass die Wohnungsnot derartige Ausmaße wie etwa in Wien erreichen konnte. Dass einer der wenigen radikalen Wohnbauten der Landeshauptstadt – das von Siegmund Schiffler geplante „dreadnought" am Beginn der Koschatstraße – nicht als Arbeiterwohnhaus, sondern für Beamte der Kärntner Sparkasse entstand (1930), zeigt die besondere Sozialstruktur in Klagenfurt.

Nach dem Anschluss an NS-Deutschland wurde mit 1. Jänner 1939 zunächst die „Großgemeinde Klagenfurt" geschaffen, welche die Arbeiterstadt St. Ruprecht sowie die bisherigen Gemeinden Annabichl, St. Martin und St. Peter schluckte und erstmals das Ufer des Wörthersees erreichte. Doch die Vereinigung mit dem „Altreich" brachte Krieg, Juden- und Slowenendeportationen, dann Bombenkrieg und Zerstörung. Schon während der englischen Besatzungszeit setzte der Wiederaufbau ein, der im Zeichen sozialer Reformen stand und für den die „roten Türme" bezeichnend wurden (Kempfstraße, Rothauer Hochhaus, die Sternhäuser). 1957 wurde das Bundesgymnasium für Slowenen eröffnet, 1970 die Hochschule für Bildungswissenschaften (heute Alpen-Adria-Universität) gegründet. Mit der Gebietserweiterung durch die Gemeindestruktur-Reform 1973 wuchs das Stadtgebiet wieder beträchtlich um die ehemaligen Gemeinden Wölfnitz, Hörtendorf und Viktring auf etwa 120 Quadratkilometer. Mit der Eröffnung der Modellanlage Minimundus 1958 und der ersten Fußgängerzone Österreichs im Stadtzentrum Kramergasse-Wiener Gasse drei Jahre später setzte Klagenfurt auf verschiedenen Gebieten neue Standards. Kulturelle Meilensteine stellten der Bachmannpreis oder das Musil-Institut dar. Probleme zeigten sich bei der Lösung des Straßenverkehrs, etwa im Scheitern einer Autobahnunterführung durch das Stadtzentrum. Die Alternative der Umfahrung wurde unverhältnismäßig lange verzögert.

Die Stadt punktet mit hoher Lebensqualität und einem guten Mix aus Wirtschaft, Kultur, Gewerbe, Industrie und Tourismus. Im Sommer macht sie vor allem die Nähe zum Wörthersee für seine Bewohner und die immer zahlreicheren Gäste attraktiv. Natürlich bleibt wie überall sonst auch der eine oder andere Wunsch offen, etwa nach einem modernen Veranstaltungszentrum. Nichtsdestotrotz – Klagenfurt ist eine lebenswerte Stadt.

Dr. Wilhelm Deuer

FOTO © WILHELM DELLER

1 Klagenfurt [Daten & Fakten]   Die Stadt ist eingebettet im Klagenfurter Becken zwischen dem Wörthersee und den Bergen der Karawanken. Das Stadtgebiet erstreckt sich auf einer Fläche von 120 Quadratkilometern. Das Zentrum liegt auf etwa 450 Metern Seehöhe. Der Ulrichsberg ist mit 1022 Metern die höchste Erhebung, die Gurker Brücke weist mit 420 Metern den tiefsten Punkt auf. Zwei große europäische Kulturkreise finden hier ihren Kreuzungspunkt: das Slawische und das Germanische. Die Nachbarländer Italien und Slowenien sind mit dem Auto in weniger als einer Stunde erreichbar. Klagenfurt ist Kärntens größte Stadt. Das Radwegenetz umfasst eine Strecke von 130 Kilometern. Klagenfurt ist außerdem Universitäts- und Messestadt. Die Landeshauptstadt wurde 1986 mit dem „Europapreis" ausgezeichnet und bekam 1996 die „Goldenen Sterne der Partnerschaft" verliehen.

DIE STADT AM WÖRTHERSEE

Ihr historisches Stadtzentrum macht Klagenfurt so unvergleichlich. Es ist eine Stadt, in der es sich sehr angenehm leben lässt und die ihren Besuchern viel bietet. Vor allem ist es eine Stadt, in der man sich wohl fühlt, leicht zurechtfindet und die auch ausreichend groß ist, um die Vorteile einer richtig gut organisierten Stadt genießen zu können. Sie gefällt Touristen oft so gut, dass Sie gerne kommen und länger bleiben.

1 Kärnten, Klagenfurt [Frühgeschichte]   Zwischen 4000 und 2000 v. Chr. fanden im Bereich rund um Klagenfurt die ersten Siedlungstätigkeiten statt. Bodenfunde aus Viktring, Waidmannsdorf und Lendorf (heute im Landesmuseum für Kärnten) liefern dafür die Belege. Im Sattnitzmoor wurden beispielsweise zwei Einbäume aus der Bronzezeit gefunden. Um 45 n. Chr. wird Noricum römische Provinz. Ab dem 4. Jahrhundert wird Virunum am Zollfeld Sitz der römischen Provinzverwaltung. Die Völkerwanderungszeit liegt jedoch im Dunkeln. Die slawischen Stämme wandern ab dem Ende des 6. Jahrhunderts aus Südosten ein. Im 7. Jahrhundert entsteht ein karantanisches Fürstentum. Unter bayerisch und schließlich fränkische Oberhoheit gerät Karantanien im 8. Jahrhundert. Die karolingische Blütezeit endet 899 mit dem Tod des römischen Kaisers Arnulf von Kärnten. Die Eppensteiner regierten von 1012–1122 mit Unterbrechungen als Herzöge von Kärnten.

URSPRUNG AN DER GLAN

1193/1199 wird eine Siedlung an der Furt – unter Herzog Hermann von Spanheim – am Fluss der Glan erwähnt. Der Markt befand sich im Überschwemmungsgebiet. Sohn Bernhard von Spanheim, ein Nachkomme des Rheinfränkischen Geschlechtes, übersiedelte deshalb den kleinen Ort um 1250 in den Bereich des heutigen Alten Platzes. Bereits 1252 wird Klagenfurt als Stadt genannt. Bernhard war von 1202 bis 1256 Kärntner Herzog.

1 Landhaus [Landhaushof]   1574 entschlossen sich die Landstände, anstelle der landesfürstlichen Burg, die bei einem Brand im Jahre 1535 vernichtet wurde, ein Landhaus zu errichten. Mit der Bauausführung der neuen Burg wie auch für die Organisation der gesamten Stadtbefestigung wurde 1574 Baumeister Hans Freymann aus Bleiburg beauftragt. Ab 1581 setzte Johann Anton Verda, ein Architekt vom Luganer See, die Arbeit von Freymann fort. Der Bau sah damals noch ganz anders aus. Am 4. Dezember 1581, wie einer Notiz zu entnehmen ist, trat der Landtag erstmals in diesem Gebäude zusammen. Verda gilt als maßgeblicher Architekt, der für das äußere Erscheinungsbild verantwortlich war. Durch eine Erweiterung wurde dem Bau eine U-Form gegeben, ein zweigeschossiger Arkadengang, die Stiegenläufe sowie der südliche Turm hinzugefügt. 1594 war die Bautätigkeit mit der Errichtung des Landhaushoftores abgeschlossen.

KÄRNTNER LANDSTÄNDE UND DAS LANDHAUS

1518 überließ Kaiser Maximilian I. Klagenfurt den Kärntner Landständen. Gleichzeitig mit dem Ausbau der Befestigung der Stadt wurde zwischen 1574 und 1594 auch das Landhaus errichtet. Es ist heute noch der Sitz des Kärntner Landtages (Plenarsaal) und der politischen Parteien (Clubräume).

1 Landhaus [Großer Wappensaal]   An die adeligen Grundherren und die Prälaten, die einst eine Stimme im Landtag hatten, erinnern die 665 Wappen und die Wandfresken sowie das Deckenfresko im großen Wappensaal. Sie sind eindrucksvolle Zeugnisse von Macht und Einfluss der Kärntner Landstände. 1739 begann Kärntens bedeutendster Barockmaler, Josef Ferdinand Fromiller (1693–1760), nach einem Brand (1723) mit der bis heute noch vorhandenen malerischen Ausgestaltung. Der Saal weist eine Höhe von 9,8 Metern und eine Gesamtfläche von knapp 300 Quadratmetern auf. An der Südwand befindet sich das Fresko von der Übergabe der Stadt Klagenfurt an die Kärntner Landstände.

2 Landhaus/Großer Wappensaal [Deckengemälde]   Die Säulengalerie wurde als Scheinarchitektur auf eine flache Decke gemalt und vermittelt den Eindruck einer Kuppel. Im Deckengemälde ist die Erbhuldigung Kaiser Karls VI. durch die Landstände im Jahre 1728 dargestellt.
3 Landhaus/Großer Wappensaal [Fürstenstein]   Die Einsetzung des Kärntner Herzogs auf dem Fürstenstein ist auf dem Fresko an der Nordwand zu sehen. Darunter befindet sich vor dem Kamin der originale Fürstenstein aus dem Bestand des Landesmuseums für Kärnten.
4 Landhaus/Großer Wappensaal [Ostwand]   Die Ostwand mit einem Teil der Wappen.

1 Landhaus [Landtagssitzungssal/Plenarsaal]   Die Kärntner Abgeordneten tagen im Plenarsaal. Alle Sitzungen sind öffentlich. Die Zuschauergalerie bietet entsprechend Platz. 2003 wurde der Saal modernisiert und auch technisch entsprechend adaptiert. Die „Kärntenwand" hinter dem Präsidium ist ein Kunstwerk von Karl Brandstätter. Darüber befindet sich das sogenannte „Abstimmungsfresko" von Switbert Lobisser aus dem Jahre 1928.

2 Landhaus [Koligsaal]   Der Künstler Anton Kolig (1860–1950) gestaltete den Raum in den Jahren 1929/1930 mit Szenen aus dem Kärntner Leben. Die Nazis haben die Fresken 1938/1939 abgeschlagen und somit unwiederbringlich zerstört. Der Enkel des Malers, Cornelius Kolig, gestaltete 1998 den Saal neu und trat damit in einen künstlerischen Dialog mit seinem Großvater. Die Wände zeigen einerseits das ursprüngliche Freskenwerk durch Reproduktionen aus Schwarz-Weiß-Fotografien und andererseits die Gestaltung von Cornelius Kolig.

3 Landhaus [Kleiner Wappensaal]   Der Saal ist mit 298 Wappen versehen, die 1740 von Josef Ferdinand Fromiller gemalt wurden. Interessant ist vor allem die barocke Allegorie „Veritas temporis filia" (die Wahrheit als Tochter der Zeit) an der Decke. Der Kärntner Landtag hält hier Ausschusssitzungen ab. Im Zentrum des Bildes: Chronos, Gott der Zeit, hält seine Tochter Veritas, die Göttin der Wahrheit, im Arm.

1 Neues Rathaus [Neuer Platz Nr. 1]   Das ehemalige Palais Rosenberg ist seit 1918 das Rathaus von Klagenfurt. Beim Stadtbrand 1636 wurde das 1580/1582 erbaute Haus zerstört und von der Familie Rosenberg 1650 das heutige Palais errichtet. Die Fassade wurde im frühen 19. Jahrhundert klassizistisch umgestaltet. Das Renaissance-Portal aus dem für Klagenfurt charakteristischen Chloritschiefer blieb erhalten. Die Familie Rosenberg tauschte 1918 das Palais gegen das Alte Rathaus. Das Rathaus am Neuen Platz ist drei Geschosse hoch und dreizehn Fensterachsen lang. Die für die Herrenhäuser aus dem 16. Jahrhundert typischen Erker an den Gebäudeecken stammen aus der Renaissance. Ein Dreiecksgiebel bekrönt die Fassade. Repräsentativ ist der doppelläufige Stiegenaufgang ebenfalls im Inneren mit niedrigen, breiten Stufen, die in den ersten Stock führen.

EINZIGARTIGES FLAIR AUF DEM NEUEN PLATZ

Renaissance, Barock, Biedermeier, Jugendstil – Klagenfurt ist eine Stadt mit wunderschönen Bürgerhäusern und Adelspalais mit ganz unterschiedlichen architektonischen Facetten. Es gibt viel Geschichtliches zu entdecken. 1660 war Kaiser Leopold zu Gast im heutigen Rathaus. Nicht nur rund um den Neuen Platz, auch darüber hinaus gibt viel Sehenswertes.

2 Bürgerhaus, Wohn-/Geschäftshaus [Neuer Platz Nr. 3/Tabakgasse]   Der viergeschossige, dreiachsige Bau wurde im 17. Jahrhundert errichtet und ist durch den langgestreckten Gassentrakt mit dem Palais Goëss verbunden. Beachtenswert: der seitliche Erker und der Hausdurchgang zur Tabakgasse. Im Haus Nr. 2, wo heute ein Reisebüro (links am Eingang vom Neuen Platz zur Tabakgasse) situiert ist, befand sich einst die Stadtwache.

1 Rainerhof [Neuer Platz Nr. 5–6] Die große viereckige freistehende Anlage mit Pilasterordnung (Mittelrisalit), Erkerbauten und turmartigen Aufsätzen wurde in den Jahren 1885 bis 1887 von Friedrich Schachner erbaut. Das Stadtpalais wird heute als Wohn- und Geschäftshaus genutzt. Ansicht vom Neuen Platz in die Kramergasse (kleines Foto) und vom Neuen Platz in Richtung Dr.-Arthur-Lemisch-Platz. Repräsentativ ist auch das Stiegenhaus ausgeführt.

2 Tschernitz-Haus [Neuer Platz Nr. 7] Das stattliche dreigeschossige Palais weist im Kern die Bausubstanz aus dem 17. Jahrhundert aus und wurde im 18. Jahrhundert ausgebaut. Das Portal mit reliefierter Rahmung entstand 1735. Im Schlussstein ist das „Auge Gottes" eingearbeitet. Im Jahre 1837 wurde das ehemalige Tschernitz-Haus von Alois Cargnelutti aufgestockt und erhielt auch eine neue Fassade, die eine Riesenpilasterordnung aufweist und am Architrav mit Edelweißblüten geschmückt ist.

1 Alte Apotheke/Adler-Apotheke [Neuer Platz Nr. 9]   „Apotheke vorm Lindwurm" lautet der Name heute, einst war es die Alte Apotheke bzw. die Adler-Apotheke. Im Haus selbst war schon seit 1631 eine Apotheke angesiedelt. Eine Ausnahme gab es nur 1705–1728. Der Baukern ist aus dem 16. Jahrhundert . Im Apothekenraum befindet sich eine interessante Stuckdecke (um 1730) mit Kärntner Wappen. Sehenswert sind auch die geschnitzten Türen an der Süd- und Westseite. Zum Innenhof gelangt man über die Paradeisergasse.

2 Longo-Haus [Neuer Platz Nr. 10]   Matthäus Freyberger soll im 16. Jahrhundert das Haus erbaut haben. Georg Khevenhüller erwarb es 1568 und ließ es erneuern. Das Wappenrelief an der Ostseite der Fassade erinnert an den prominenten Besitzer. Eine weitere Erneuerung des zweigeschossigen Eckhauses erfolgte im 19. Jahrhundert durch Anton Freiherr von Longo-Liebenstein. Über das asymmetrisch in die Fassade eingefügte Portal gelangt man durch eine gewölbte Torhalle in den Hof mit seinen nord- und ostseitigen Pfeilerarkaden.

1 Palais Porcia [Neuer Platz Nr. 13] Das ehemalige Stadtpalais, ein Spätbarockbau der Fürsten Porcia, wurde in Etappen vom 17. bis zum 18. Jahrhundert erbaut. Das Haus/Hotel ist im wahrsten Sinne des Wortes fürstlich ausgestattet. 1969 wurde der Spätbarockbau abgetragen und 1970/71 auf Basis der originalen Fassade (zur Platzseite hin) von 1774 wieder aufgebaut und um ein Stockwerk erhöht. Sehenswert: Steinrelief mit Bildnis Kaiser Karls V. aus dem Jahre 1566 von Johannes Baptista Ripa. Die Zimmer sind im Stil großer historischer Epochen eingerichtet. Die in toskanischer Renaissance oder dem Zeitalter Louis XVI. eingerichteten Suiten und Zimmer zieren Originale von venezianischen Meistern, alten Niederländern oder Gemälden von Hans Makart.

2 Kärntner Sparkasse [Neuer Platz Nr. 14]   Einst war es ein Bürgerhaus und Adelspalais, heute befindet sich im Haus Nr. 14 am Neuen Platz die Hauptanstalt der Kärntner Sparkasse. 1582 gab es hier bereits ein Bürgerhaus. Nach mehreren Vorbesitzern erwarb 1795 Johann Joseph Ritter von Pfeilheim das Gebäude, baute es um, ließ es mit einer neuen Fassade ausstatten und machte es zu einem Empirepalais. Mehrmals wechselten noch die Besitzverhältnisse, ehe die Kärntner Sparkasse 1927 das Haus erwarb und es in bisher fünf Stufen revitalisierte und den Anforderungen anpasste. 2003 wurde eine Adaptierung in Form einer Dreiteilung (Selbstbedienung, Service und Beratung) vorgenommen. Die Fassade mit Riesenpilasterordnung und Zopfornamentik ist dem Empire nachempfunden. Über dem Kundensaal mit dem Internet-Café schwebt das von Karl Brandstätter geschaffene „Fabelwesen".

1 Einkaufsstraße [Kramergasse]   Die Fußgängerzone (seit 1961) beginnt unmittelbar neben dem Neuen Platz mit der Kramergasse. Es ist ein Erlebnis, über diese Einkaufsstraße zu flanieren bis zum historischen Kern der Stadt, dem Alten Platz. Die wunderschönen Hausfassaden und natürlich auch die edlen Geschäfte in diesem Teil der Stadt sind ein exzellenter Blickfang und vermitteln ein ganz besonderes Flair. Auch an dieser Stelle stehen herrliche Bürgerhäuser und Adelspalais. Bürger, Geistliche und die Landstände wohnten über Jahrhunderte hindurch hier. Diese Häuser sind steinerne Zeitzeugen und man kann die Geschichte von Klagenfurt in einer ganz besonderen Art und Weise nachempfinden.

1 Historisches Herzstück [Alter Platz]   Der Alte Platz (eigentlich eine alte Straße) fasziniert durch die stilvollen Fassaden, schattigen Innenhöfe und die Schanigärten der Cafés. Die Geschichte des Alten Platzes ist mit der Geschichte von Klagenfurt verknüpft. Hier war schon das Zentrum der mittelalterlichen von Herzog Bernhard von Spanheim im 13. Jahrhundert gegründeten Stadt. Ursprünglich waren die Häuser aus Holz und Stroh. Nachdem es wiederholt zu Bränden kam, wurde im 16. Jahrhundert das Zentrum mit festen Baustoffen ausgeführt. Im 13. Jahrhundert hatte Klagenfurt um den Alten Platz rund 700 Einwohner. Türkeneinfälle, Erdbeben, Feuersbrünste, Pestepidemien und Heuschreckenplagen musste die Spanheimergründung überstehen.

ALTER PLATZ – ZENTRUM DER MITTELALTERLICHEN STADT

1514 zerstörte ein Feuer die Stadt. Der Habsburger-Kaiser Maximilian I. hatte nicht die entsprechenden Mittel, um seine Pflicht zu erfüllen und die Stadt wieder aufbauen zu lassen. Er schenkte sie 1518 den Landständen, die bis 1848 regierten. Klagenfurt blühte auf, wurde modernisiert, vergrößert, erweitert und verschönert.

1 Altes Rathaus [Alter Platz Nr. 1]   Das ehemalige Stadtpalais der Welzer ist ein wahrer Blickfang am Alten Platz und wurde im 16. Jahrhundert erbaut (Fassade aus dem 18. Jahrhundert). Die Welzer waren ein vornehmlich protestantisches Adelsgeschlecht. Sie haben auch im Osten von Klagenfurt das Renaissanceschloss Welzenegg errichtet. Das Stadtpalais am Alten Platz ist bekannt für den großartigen Arkaden-Innenhof. Das Welzer-Palais war von 1737 bis 1918 das Rathaus der Stadt. Fürst Heinrich Orsini-Rosenberg war Besitzer des Palais am Neuen Platz – dem heutigen Rathaus – und erklärte sich zu einem Haustausch bereit. Stadtregierung und Verwaltung übersiedelten somit auf den Neuen Platz. Über dem Hauptportal am Alten Rathaus ist das von Josef Ferdinand Fromiller geschaffene Fresko (1739) mit Justitia auf einer Scheinkonsole mit den Wappen von Kärnten und Klagenfurt zu sehen.

2 Preis-Haus [Alter Platz Nr. 2]   Errichtet wurde das Haus 1890 auf alter Substanz mit dem städtebaulich interessanten Erker und ist nach dem „Modezaren" Preis benannt. Die steinerne Maske am Erker wird als Mahnmal eines Justizirrtums gedeutet. Demnach soll ein Bäckerjunge nach einem angeblichen Diebstahl hingerichtet worden sein. Einige Zeit später erwies sich allerdings seine Unschuld. Über dieses Fehlurteil waren die Bürger der Stadt so bestürzt, dass sie beschlossen, der Ort solle künftig den Namen „Klagenfurt" tragen, damit sich diese Klage auf die nächsten Generationen vererben möge. Die Sage findet erstmals bei Enea Silvio Piccolomini, dem späteren Papst Pius II., Erwähnung. Als Napoleons Truppen Klagenfurt besetzt hielten, befand sich das Haus im Besitz von Vinzenz Bergamin.

1 Stadthaus [Alter Platz Nr. 4]   Besonders auffällig ist das Portal, welches mit 1741 und 1793 bezeichnet ist. Der Kern des Hauses stammt aus dem 17. Jahrhundert. Fassade mit Fensterrahmung, im Stuck finden sich Bandlwerk und Muscheln (1741). Die am Gebäude angebrachte Gedenktafel erinnert an den Dichter und Reichsratsabgeordneten Karl Morré: „s' Nullerl" ist sein bekanntestes Volksstück.

2 Stadthaus [Alter Platz Nr. 8]   Der Baukern des Hauses Nr. 8 am Alten Platz/Ecke Badgasse ist aus dem 16. Jahrhundert und wurde im 19. Jahrhundert mit einer neuen Fassade versehen. Hartlauer eröffnet in Klagenfurt 1982 sein erstes Geschäft und etabliert damit ein Technik-„Kaufhaus" im Zentrum der Stadt. Die Verkaufsfläche erstreckt sich auf drei Geschosse. Elemente aus dem Altbestand wie z. B. Säulen wurden beim Umbau integrativ berücksichtigt. Auf der linken Seite der Hauswand befindet sich die Erinnerungstafel: „Geburtshaus des Dicherts, Poeten und Volksliedkomponisten Peter Suppan".

1 Haus des „Deutschen Ritterordens" [Alter Platz Nr. 19]   Erbaut um 1600 befand sich das Haus von 1820 bis 1862 im Besitz des Deutschen Ritterordens in Friesach. Aus dieser Zeit stammt auch die wieder hergestellte und erneuerte Fassade. Das Rundbogenportal ist aus der Zeit der Errichtung des Hauses. Der Schlussstein mit der Jahreszahl 1682 sowie das Relief mit Lorbeerzweigen, Kränzen und Krone wurde anlässlich einer Renovierung angebracht. Die Arkaden im Hof mit drei Geschossen sind vermutlich aus der Zeit des frühen 17. Jahrhunderts.

2 Ehem. Haus des Landesvizedom [Alter Platz Nr. 21]   Das schmale viergeschossige Eckhaus ist durch Schwibbögen über die schmale Geyergasse mit dem Nachbarhaus verbunden und reicht vom Alten Platz nach Süden bis zur Renngasse zurück. Von 1614 bis 1652 residierte hier der Landesvizedom (landesfürstlicher Finanzchef und Güterverwalter). 1751 befand sich das Haus im Besitz von Franz Dominik von Werfenstein und ging schließlich in Bürgerhand über. Bemerkenswert ist neben der Rokokofassade der frühe Arkadenhof der Renaissance mit einer 1554 datierten Säule im Obergeschoss, im Inneren Stuckdekor um 1730.

1 Bamberger Hof [Alter Platz Nr. 22]   Der bauliche Kern stammt aus dem späten Mittelalter. Das im 19. Jahrhundert erneuerte Fassadendekor stammt aus der Mitte des 17. Jahrhunderts. Die Fensterachsen des dreigeschossigen Gebäudes sind ungleich verteilt, wobei die Hauptgeschossfenster abwechselnd dreieckige und runde Giebel aufweisen. Der Hof (Passage zur Renngasse) aus dem 16. Jahrhundert war ursprünglich auf allen vier Seiten mit Arkadengängen ausgestattet, die im zweiten Stock teilweise zugemauert wurden. Beachtenswert sind die wuchtigen Konsolen in den Arkaden des Erdgeschosses. Bis 1614 gehörte das Palais dem prominenten Arzt Urban Zussner, der das Haus dem Bistum Bamberg verkaufte, das es bis 1759 als repräsentatives Stadtpalais nutzte.

2 Haus „Blaue Kugel" [Alter Platz Nr. 24]   Ein besonders schönes Dekor mit Pilastern und Voluten, Blütengehängen und Vögeln weist die Fassade (um 1740) dieses Hauses auf. Das Hauszeichen, die „Blaue Kugel", hängt nicht über dem Hauptportal, sondern ist seitlich angebracht. Interessant ist auch, dass in allen Stockwerken die über dem Hauptportal angebrachten Fenster gläserne Spionerker besitzen. Aus diesem aus der Fassade herausragenden Guckfenster lässt sich das Treiben auf dem Platz hervorragend beobachten. Das Gebäude war ursprünglich im Besitz der Adeligen Linsee, von Valvasor und von Kaiserstein. Nachdem 1772 das Haus in den Besitz eines Händlers überging, wurde eine Aufstockung vorgenommen. Es ist nicht belegt, dass der Hausname auf diesen Besitzer zurückzuführen ist.

1 Palais Stampfer [Alter Platz 29]   Das ehemalige Palais Stampfer, mit einem Mauerkern aus dem 17. Jahrhundert, ist mit einer sehr schönen spätbarocken Fassade versehen. Giebelartige Bekrönungen sowie Imperatorenbüsten umrahmen die Fenster. Die Wappenkartusche der Familien Stampfer und Teuffenbach sind über dem Rundbogen angebracht. Ausgestaltung der Innenräume im Hauptgeschoss wie im Obergeschoss: spätbarocke Stuckdecken und intarsierte Türen.

1 Palais Goëss [Alter Platz 30] Die Südseite des Alten Platzes wird durch das Palais Goëss – ein repräsentativer und schöner Bau des 18. Jahrhunderts – abgeschlossen. Das im Kern spätmittelalterliche Palais ist zwischen 1734 und 1738 anstelle von zwei Altbauten entstanden und orientiert sich an der Wiener Barockarchitektur. Die Pilasterfassade weist im 1. Stock eine reiche giebelartige Fensterbekrönung auf. In der Mittelachse über dem repräsentativen Portal befindet sich ein bogenförmig vorgezogener Balkon mit geschmiedetem Gitter; darüber das Goëss-Wappen. Zwei antikisierende Spolien mit einer Inschrift (1614) sind in der Durchfahrt zu sehen. Sehenswert auch der Innenhof und der Stiegenaufgang. Die Räume sind repräsentativ ausgestattet: Holzverkleidungen, Intarsienböden, intarsierte Türen, Stuckdecken.

1 **„Zur Goldenen Gans"** [Alter Platz 31] Die „Goldene Gans" als Hauszeichen befindet sich über dem Portal, das von Säulen flankiert wird. Das Gebäude wird erstmals 1489 erwähnt, als es Kaiser Friedrich III. der Stadt schenkte. Das Gebäude diente ursprünglich als „Festes Haus" und war danach Rathaus. Bis zum Ende des 18. Jahrhunderts befand es sich im Besitz der Dietrichsteiner. 1975 wurde ein Geschäftseinbau vorgenommen und dadurch der dreigeschossige Arkadenhof verändert. Ein Relief mit Kentaur und Frauengestalt – inschriftlich bezeichnet als „Hercules", 16. Jahrhundert – befindet sich an der Südfront. Das Portal stammt aus dem 17. Jahrhundert. Die Inschriftentafel am Haus weist darauf hin, dass es „der Tradition nach das älteste Haus der Stadt ist". Bei einer Fassadenrenovierung vor einigen Jahren wurden Reste der Renaissancefassade entdeckt und teilweise zur Besichtigung freigelegt.

2 **Wohn- und Geschäftshaus** [Kramergasse Nr. 11/Alter Platz Nr. 28]   Am Ende der Kramergasse steht ein mit einem repräsentativen Eckturm versehenes Haus, welches um 1880/1890 errichtet wurde. Das reich mit einem aufwendigen späthistoristischen Fassadendekor verzierte Objekt wurde 1996 zu einem Geschäfts- und Wohn-/Bürogebäude umgebaut.

1 Häuserfront [Wiener Gasse]   Die Wiener Gasse ist die Verlängerung der Kramergasse über den Alten Platz. Das ist sozusagen der Kreuzungspunkt des ältesten Stadtteils. Zum Kern der ursprünglichen Spanheimerstadt. Dazu zählten im Wesentlichen der Alte Platz, die Wiener Gasse, Kramergasse, die Herren-, Renn- und Badgasse sowie der Pfarrplatz und die Pfarrgasse. Die Wiener Gasse endet am Heuplatz, wo zur Zeit der Begründung der Stadt um 1240 bis zur Erweiterung im 16. Jahrhundert das alte St. Veiter Tor stand. Bauten aus dem 16. und 17. Jahrhundert sind hier noch zu bewundern.

FLANIEREN UND GESCHICHTE ERLEBEN

Die Geschäfte mit ihren Auslagen laden wohl zum Flanieren ein, aber die Geschichte der einzelnen Häuser ist genauso betrachtenswert. Die Wiener Gasse ist die älteste Straße Klagenfurts. Über sie gelangt man zum Heuplatz und von hier aus geht es mit der „Stadterkundung" weiter. Auf jedem Schritt und Tritt lassen sich interessante Details entdecken.

2 Hallegger Haus, „Löwalanhaus" [Wiener Gasse Nr. 6]   Erbaut im 15. Jahrhundert, war das Hallegger Haus der Stadtsitz der Herren von Hallegg. Das Hallegger Geschlecht war mit der mittelalterlichen Geschichte der Stadt eng verbunden. Besonders hervorstechend ist die Fassade des viergeschossigen Hauses mit Korbbogenportal und den Löwen mit dem gekrönten Haupt. Die originelle Rahmung der Fenster des Löwenhauses (die Klagenfurter nennen es auch liebevoll „Löwalanhaus") wurde von Franz Hannibal Pittner gestaltet.
Im dritten Obergeschoss ist eine Stuckdecke aus dem Jahre 1730 zu bewundern (keine Besichtigung möglich).

1 Ossiacher Hof [Wiener Gasse Nr. 10]   Die Häuserzeile in der Wiener Gasse schließt der ehemalige Ossiacher Hof ab, der 1627 von Freiherr von Deutenhofen erbaut wurde. Der Ankauf durch das Stift Ossiach erfolgte 1747 oder 1751. Nach der Auflösung des Stiftes im Jahre 1781 erwarb Josef von Pirkenau das Gebäude. Er dürfte auch der Auftraggeber für die neue Fassade in klassizistischem Stil gewesen sein. Die aufwendige Fassade in der 15-fensterachsigen Gassenfront besitzt im Mittelrisalit eine ionisierende Pilasterordnung. Das Wappen des Stiftes Ossiach ist über dem Korbbogenportal mit seitlichen Pilastern angeordnet. Die Arkaden an der Nord- und Westseite im ersten Hof stammen aus der zweiten Hälfte des 18. Jahrhunderts, um 1900 wurden diese verglast. Das Gesims wird von Atlanten getragen. Im zweiten Hof (an der Südseite des Traktes) sind Laubengänge in drei Geschossen aus dem beginnenden 17. Jahrhundert zu bewundern.

2 Hatheyer-Haus [Heuplatz Nr. 8]   Nach den Plänen von Domenico Venchiarutti, einem italienischen Baumeister, der nicht nur in Klagenfurt, sondern in ganz Kärnten zahlreiche Bauwerke schuf, wurde das Haus am Heuplatz („Hatheyer-Haus") in der ersten Hälfte des 19. Jahrhunderts errichtet. 1974 erfolgte der Ausbau des Dachgeschosses. In den Jahren 2005/2006 wurde das Gebäude von der Liegenschaftserrichtungs GmbH im Inneren großteils völlig neu errichtet und um einige hundert Quadratmeter erweitert. Im Wesentlichen blieb nur die denkmalgeschützte Fassade stehen. Rund 4,5 Millionen Euro wurden investiert. Heute ist das Hatheyer-Haus ein modernes Geschäftsgebäude mit Top-Mietern und ein Schmuckstück der Stadt, das an die City-Arkaden grenzt. Paul Hatheyer kaufte 1896 die alteingesessene Firma Pamperl und erzeugte u. a. Seifen, Kerzen, Margarine.

1 Ehem. Hotel „Kaiser von Österreich"/Uniqa [Heuplatz Nr.1] Der mächtige Jugendstilbau (Architekt Max Schmidt) beherrscht den gesamten Platz. Ursprünglich standen zu Beginn des 18. Jahrhunderts an dieser Stelle drei Altbauten, die zu einem zweigeschossigen Komplex vereint wurden. 1858 erwarb Josef Walig dieses Gebäude, das 1904/1905 durch den Großbau des Hotels „Kaiser von Österreich" ersetzt wurde. Das einst fünfgeschossige Hotel galt als erstklassig. Die repräsentative, mittig und an den Kanten betonte stuckierte Fassade orientiert sich an secessionistischen Formen. Über dem Mittelteil ist der heilige Georg zu sehen.
Auf dem Platz davor wurde einst der Heumarkt abgehalten. Die große 1781 errichtete und von Johann Josef von Pfeilheim gestiftete Floriani-Statue ist ein Dankmal dafür, dass die Feuersbrunst nur bis zu diesem Punkt kam.

2 Ehem. Siechenhaus, Amtsgebäude [Heuplatz Nr. 2]   In den Jahren 1782 bis 1784 ist das Haus als Landessiechenhaus/Landeskrankenanstalt errichtet worden und wurde bis 1896 auch als Anstaltsgebäude genutzt. Die Fassaden auf der Ost- wie auch auf der Südseite sind im Stil des Barock-Klassizismus mit Plattendekor ausgeführt. Das ist für Kärntner Verhältnisse ein seltenes Beispiel für den Josephinischen Stil. 1994/1995 wurde das Haus im Inneren neu gestaltet und auch die Fassade restauriert. Ein Blickfang ist auch das Portal mit Doppelpfeilern, die im zweiten Geschoss ein antikisierendes Gebälk tragen.

1 Stadtgalerie/Musikschule [Theatergasse Nr. 4]   Der Bau wurde im 18. Jahrhundert errichtet. Das Gebäude hat eine wechselhafte Geschichte. So war hier einst das Militär einquartiert, auch wurden Strafgefangene kaserniert sowie Alte und Kranke gepflegt. 1996 erfolgte eine Generalsanierung. Heute beherbergt das Haus die Stadtgalerie und die Musikschule (Norbert-Artner-Park). Die architektonische Lösung ist in diesem Haus eine Besonderheit. Über eine Passage (Herbert-Wochinz-Passage) gibt es eine Verbindung von der Theatergasse zur Purtscherstraße bzw. zum Schubertpark.

2 „Zum Augustin"/Lindwurmstüberl [Pfarrhofgasse Nr.2]

Der Ursprung des Hauses ist aus dem 16. Jahrhundert, wobei die heute zu bewundernde barocke Fassade um 1720/1730 entstanden ist. Die Fenster und das Portal sind mit Bändern, Muscheln und Akantus verziert. Alte Wandmalereien aus dem 16. Jahrhundert (Tierdarstellungen) sind noch fragmentarisch im Durchgangsbereich nach dem Torbogen zu sehen. Der Innenhof weist zweigeschossige Arkaden auf. Ursprünglich war es das Offiziershaus von Glaunach. Interessant ist der Spruch unmittelbar nach dem Eingang: „Wer mich lobt in PRAESENTIA und schilt mich in ABSENTIA, den hol die PESTILENTIA".

1 Bürger-/Geschäftshaus „Zum goldenen Anker" [Herrengasse Nr. 2] Das Wirtshaus-Steckschild weist auf die einstmalige Verwendung des Hauses hin. Viele Jahre (bis 2016) war das Kärntner Heimatwerk hier „beheimatet". Das Eckhaus mit dem Arkadenhof (öffentlich nicht zugänglich) stammt im Kern aus dem 16. Jahrhundert. Die Barockfassade mit einer großen Pilasterordnung und reicher Rahmung der Fenster mit Rosettenschmuck ist aus dem Jahre 1780.

2 Palais Helldorf [Herrengasse Nr. 12]

Das ehemalige Palais Aicholt ist vom 16. bis zum 19. Jahrhundert aus drei mittelalterlichen Bauten entstanden. Der dreigeschossige Repräsentativbau ist an drei Seiten freistehend. Die achtachsige Gassenfront wurde nach einer Aufstockung (ab 1751) mit dem Fassadendekor versehen. Das Fensterdekor im ersten Stockwerk wird von dekorativen aus Stuck geformten Muscheln umrahmt, wobei auf den Parapets in vertieften Feldern große Stuckblüten aufscheinen. Über dem asymmetrisch eingesetzten Rundbogenportal sind die Wappen der ehemaligen Besitzer – Aicholt, Helldorf und Egger – zu sehen. Die Arkaden (17. Jahrhundert) schmücken den geräumigen Hof. Ein Durchgang über den Hof von der Herrengasse zur Pfarrhofgasse ist möglich. Anlässlich der Besetzung von Klagenfurt durch die französischen Truppen hat Ende März 1797 Napoleon Bonaparte in diesem Palais logiert.

1 **Palais Christalnigg** [Herrengasse Nr. 14]   Das Stadtpalais ist im Kern aus dem 16. Jahrhundert. Die West- und die Südseite sind mit Empiredekors versehen. Bemerkenswert ist das dreiteilige Portal, darüber ein Balkon mit klassizistischem Gitter, in der Mitte das Wappen der Familie Christalnigg. Johann Heinrich Mittnacht zu Werthenau war der ursprüngliche Besitzer, danach erwarb 1676 die Adelsfamilie Deutenhofen aus Neuhaus das Palais. Die wohlhabende Gewerkenfamilie Christalnigg kam 1724 in dessen Besitz. Nach einer Aufstockung im Jahre 1787 wurde 1839 eine Neufassadierung nach Plänen von Domenico Venchiarutti vorgenommen. Das Aussehen ist seit dieser Zeit gleich geblieben. Der Bergbau verlor in der zweiten Hälfte des 19. Jahrunderts an Bedeutung. Das Palais musste verkauft werden. Bei der Renovierung 1927 sind Sgraffiti-Reste aus der Renaissancezeit verloren gegangen. Innenaustattung: Empiredekor, Decken-Stuckverzierung: 1740.

2 Ehem. Vizedomhaus [Herrengasse Nr. 9]   Im einstigen Vizedomhaus wurde später die Berghauptmannschaft untergebracht. Der dreigeschossige palaisartige Bau mit der sieben Fensterachsen langen Fassade in der Herrengasse bildet mit der Westfassade (neun Fensterachsen) den Abschluss der Gasse. Die Fenster sind mit einer Knickgiebelverdachung in der Beletage versehen. Repräsentativ ist auch das Portal. War 1605 der Platz noch unverbaut, wurde bald danach der Sitz des landesfürstlichen Vizedoms errichtet. Franz Ignaz Freiherr von Sternbach erwarb um 1740 das Haus. 1751 erfolgte eine Aufstockung. Das k. u. k. Oberbergamt (1747) sowie die Berghauptmannschaft (1792) hatten dort ihren Sitz.

1 Ursulinenkonvent [Ursulinengasse Nr. 1, 3, 5]   Unter Einbindung der bestehenden Heiligengeistkirche (1355 erstmals erwähnt) wurde der Ursulinenkonvent 1674–1783 als zweigeschossiger und längsrechteckiger Baukomplex mit einem Innenhof errichtet. 1727 richtete ein Brand großen Schaden an. Im 18. Jahrhundert erfolgte eine Erweiterung mit einem Hofquertrakt und dem zweiten Obergeschoss des Südosttraktes. Die dem Garten zugewandte Fassade ist mit Architekturmalerei des ausgehenden 17. Jahrhunderts ausgestaltet. Die schlichte straßenseitige Fassade stammt aus dem Jahre 1800. Der bekannte Klagenfurter Baumeister Domenico Venchiarutti erbaute 1845/1846 den freistehenden klassizistischen Kapellenbau im Klostergarten (heute Lourdes-Kapelle). Das Schulgebäude in späthistoristischem Stil wurde 1900/1901 errichtet.

2 Stadthaus, ehem. Kleinmayrhaus [Theaterplatz Nr. 3]   Der friulanische Baumeister Christoph Cragnolino baute 1830 auf dem Wall der Wölfnitz-Bastei und der ehemaligen Stadtmauer das heutige Stadthaus zu einem biedermeierlichen Herrenhaus um. Der Vorgängerbau stammte aus dem Jahre 1781 und wurde bei der Sprengung der Stadtmauer durch die Truppen Napoleons beschädigt. Der Buchdrucker Ignaz Alois Kleinmayr kaufte 1730 das Haus. In der Offizin entstanden zahlreiche Druckwerke. 1968 erwarb die Stadtgemeinde das Haus für kulturelle Zwecke, wobei das Innere weitgehend modernisiert wurde. Heute ist es Standort der Alpen-Adria-Galerie der Stadt Klagenfurt mit 300 Quadratmetern Ausstellungsfläche. 1993/1994 erfolgte ein weiterer Umbau. – Der erste Fluder (Wasseraustrittsstelle) stand bis 1971 vor dem heutigen Stadthaus.

1 Stadttheater Klagenfurt [Theaterplatz Nr. 4]   Das „Alte Theater" wurde zwischen 1605 und 1620 als Ballhaus für die Aristokratie errichtet. Der zu dieser Zeit hölzerne Theaterbau unterstand den Landständen von Kärnten und wurde nach der eigentlichen Eröffnung 1737 erst gegen Ende des 18. Jahrhunderts auch für Intellektuelle, Militärs und Beamte geöffnet. Für das „Neue Theater" erfolgte der Spatenstich 1908 – das 60. Regierungsjubiläum von Kaiser Franz Joseph I. Die Eröffnung fand am 22. September 1910 statt. Das Wiener Architekturbüro Fellner & Helmer zeichnet für dieses Gebäude (eine beinahe baugleiche Kopie der Stadttheaters in Gießen und Gablonz an der Neiße) verantwortlich. Mitte des 20. Jahrhunderts wurden weitere Anbauten vorgenommen und die Stehplätze reduziert. Nach den Plänen des Kärntner Architekten Günther Domenig wurde 1996–1998 das Stadttheater um- und ausgebaut sowie an der Rückseite mit einem Zubau versehen.

1 Stadtpalais Fugger-Voikffy/Milesi [Theaterplatz Nr. 5]   Der repräsentative villenartige Bau wurde 1886 nach Plänen von Wilhelm Heß errichtet. Fürst Karl Fugger von Babenhausen ließ das Palais für seine Tochter Paula Gräfin Voikffy errichten. Der Bau war noch nicht vollendet, als Gräfin Voikffy im August 1886 verstarb. Somit kam es zum Verkauf und die Familie Milesi erwarb das Haus. Seit dieser Zeit wurde das Palais als „Haus Milesi" bezeichnet. Richard von Milesi, Kunsthistoriker am Landesmuseum für Kärnten, war einer der letzten Bewohner aus dieser Familie. Das Stadtpalais ist heute ein Geschäftshaus, auch die Galerie Magnet befindet sich hier.

2 Landesgericht Klagenfurt [Josef-Wolfgang-Dobernig-Straße Nr. 2]   Lang gelagert und viergeschossig präsentiert sich das Gerichtsgebäude mit seiner schlichten klassizierenden Gliederung aus dem 20. Jahrhundert. Am Frontispiz ist eine Adlerdarstellung zu sehen. Der Sprengel des Landesgerichtes Klagenfurt deckt sich mit der Fläche des Landes Kärnten.

3 Gebäudekomplex [im Norden der Klagenfurter Innenstadt]   Gericht, Staatsanwaltschaft und Gefängnis (Justizanstalt Klagenfurt) bilden einen Gebäudekomplex.

1 Künstlerhaus Klagenfurt [Goethepark Nr. 1]   Der freischaffende Künstler Freiherr Ferdinand von Helldorf war der Initiator und erster Präsident des 1907 gegründeten Kunstvereins für Kärnten. Anlässlich des 60-Jahr-Regierungsjubiläums von Kaiser Franz Joseph gelang es, eine beträchtliche Unterstützung für den Bau eines Ausstellungshauses zu erreichen. Der aus Wien zugewanderte Architekt Franz Baumgartner ging beim österreichweiten Architektenwettbewerb als Gewinner hervor. Helldorf gelang es, namhafte Persönlichkeiten für die Unterstützung zu gewinnen (Gedenktafel im Foyer). Baumgartners Konzept für das „Haus der Künstler" sah eine Mischform aus Villa und Ausstellungshaus vor. Das Mansardendach und die vom Jugendstil geprägten Fensterteilungen sind besonders auffällig. Dreiviertelsäulen betonten die Eingangsfront im Mittelteil.

2 Europahaus [Reitschulgasse Nr. 4]   1986/1987 wurde der zweigeschossige und im Kern aus dem 18. Jahrhundert stammende palaisartige Bau revitalisiert. Reste der Grundmauern der einstigen Bastei der Stadtbefestigung aus dem 16. Jahrhundert sind integriert. Der relativ schlichte Bau besitzt ein Satteldach. Im Europahaus hat auch der Verein „Europahaus Klagenfurt" seinen Sitz, der 1965 als gemeinnütziger und überparteilicher Verein gegründet wurde. Seit über fünf Jahrzehnten wird hier politische Bildung und Erwachsenenbildung – für alle europäischen Bürger – gefördert. In Vortrags- und Diskussionsveranstaltungen sowie durch Ausstellungen wird die Bevölkerung zu aktuelle Themen informiert. Ein weiterer Schwerpunkt ist auch die grenzüberschreitende Zusammenarbeit mit anderen europäischen Einrichtungen und Schulen.

1 Maria Saaler Hof [Landhaushof Nr. 3]   Östlich des Landhauses befindet sich der „Maria Saaler Hof", ehemals Paradeiser-Haus. Das Gebäude wurde im 16. Jahrhundert erbaut (Burggraf Paradeiser). Das unter Denkmalschutz stehende Haus wurde ab 1779 auch als Salz- und Tabakamtsgebäude genutzt. 1934 erfolgte der Umbau in eine Polizeikaserne mit Mannschaftsräumen. Im Laufe der folgenden Jahrzehnte erwuchs daraus die Polizeidirektion Klagenfurt bzw. die Sicherheitsdirektion für Kärnten. Nachdem die Firma Südrast Dreiländereck (Familie Rainer) 2000 das Haus erwarb, wurde nach einem tiefgreifenden Umbau 2002 ein Luxushotel eröffnet. Im Inneren spiegelt der Repräsentativbau der Renaissance seinen besonderen Flair wider. Die Nord- und Westfassaden sind mit spätbarockem Dekor (1740) ausgeführt, die Fassade des Südtraktes weist einen Kratzputz aus dem 16. Jahrhundert auf.

2 Gurker Domkapitelhaus [Pernhartgasse Nr. 6/Wiesbadener Straße Nr. 5]   Seit 1616 ist das Gurkerhaus mit Kapelle das Haus des Gurker Domkapitels. Die zweiteilige Pilasterfassade erhielt das Haus in den Jahren 1746–1756. Am Nordportal ist das Wappen des Gurker Domkapitels und am Südportal jenes des Propstes Maria Josef von Rechberg zu sehen. Obwohl der Bau im Jahre 1616 bereits dem Domkapitel mit übergeben wurde, zogen die Domherren erst 1787 nach der Verlegung des Bistumssitzes aus dem Gurktal nach Klagenfurt dauerhaft ins Haus ein. Der Innenhof weist von umlaufenden Kragsteinen getragene Balkone auf. Sie wurden nachträglich verglast und bilden nun Gänge.

1 **„Zum Goldenen Bären"** [Wiesbadener Straße Nr. 3]   Der dreigeschossige Renaissancebau ist aus dem 17. Jahrhundert und wurde im 18. Jahrhundert erneuert. In den Bogenzwickeln des Rundbogenportals sind die Hauszeichen eingearbeitet; im Scheitel darüber eine Maske. Über der Archivolte steht in einer Nische eine Heiligenfigur aus dem 18. Jahrhundert. Das Zeichen mit dem Bären ist nach wie vor vorhanden und weist auf den einstigen Gebrauch als Gasthaus hin.

1 Amtsgebäude [Pernhartgasse Nr. 4]   Das Haus aus dem 17. Jahrhundert reicht von der Wiesbadener Straße Nr. 3 bis zur Pernhartgasse Nr. 4. Die Fassade dieses Renaissancebaus wurde 1840 erneuert. Der Innenhof hat nordseitig dreigeschossige Arkaden. Die Tafel an der Fassade rechts neben dem Tor weist darauf hin, dass in diesem Haus Volksliedforscher Prof. Anton Anderluh am 11. März 1896 geboren wurde. Sein Hauptwerk, die Edition „Kärntner Volksliedschatz" (12 Bände, 1960–1975), wurde von Walter Deutsch abgeschlossen.

1 Ehem. Salzburger Hof [Pernhartgasse Nr. 5]   Das Haus weist eine Fassade mit einer großen Pilasterordnung (1803) auf. Im Jahre 1948 erfolgte eine Aufstockung. Über dem zweiten Geschoss der Nordfassade ist das Salzburger Wappen als Fresko des 20. Jahrhunderts mit den Jahreszahlen 1670–1803 zu sehen.

2 Hauptpostamt Klagenfurt/Volksbank [Dr.-Herrmann-Gasse Nr.4/Pernhartgasse Nr. 7]   Der repräsentative, viergeschossige Bau des Hauptpostamtes wurde 1998 umgebaut. Ein Teil der Räume ist zum Hotel geworden. Der nördliche Teil des Hauses, das 1930 von Leopold Hoheisl, einem Otto-Wagner-Schüler, das Erscheinungsbild erhielt, wird von der Volksbank GHB Kärnten genutzt. Ein Teil des ehemaligen Khevenhüller-Hauses (Mitte des 17. Jahrhunderts) ist auf der Nordseite im Erdgeschoss noch erhalten. Die Fassade an der Ostseite mit Portikus ist mit drei Figuren von Hans Domenig geschmückt: dargestellt sind die Personifikationen der Telegraphie sowie der Paketpost und eine weibliche Figur mit Weltkugel.

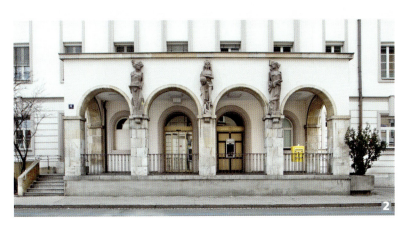

1 Gutenberghaus [Pernhartgasse Nr. 8]   Das Gutenberghaus (auch „Eulenhaus") ist um 1909/1910 von Franz Baumgartner erbaut worden. Der südöstliche Eckverbau besteht aus einer älteren Bausubstanz (St. Pauler Stifthaus, 1619 von Abt Hieronymus Marchstaller erworben, diente den Äbten bis 1790 als Quartier in der Stadt). Rudolf Bertschinger ließ 1902 das Gebäude zur Buchdruckerei umgestalten. Kurze Zeit später kam es in den Besitz der Firma Gutenberg, die den Architekten Baumgartner mit der Umgestaltung (Zunfthaus für das Buchdruckergewerbe) und der Aufstockung mit einem vierten Geschoss beauftragte. Die Fassade wird mit den Porträts der Bauherren und den Wappen der einstigen Besitzer sowie dem Zunftzeichen der Buchdrucker ausgestattet. Im von Leopold Resch gestalteten Fresko des Giebelfeldes der Ostfassade, flankiert von zwei Eulenplastiken, ist Gutenberg bei der Arbeit dargestellt.

2 Stauderhaus [Heiligengeistplatz Nr. 2–3, Stauderplatz Nr. 8, Pernhartgasse Nr. 12]   Nach den Plänen von Franz Baumgartner und Georg Horčička wurde 1909 der nach drei Seiten frei stehende Bau im Stil der romantisierenden Heimatschutzbewegung errichtet. Markant dabei sind die reiche Fassadengliederung und die Silhouettengestaltung des burgähnlichen Baus mit türmchenartigen Dachaufbauten und einer Reihe von Kaminen. Der Stauderplatz wie auch das Stauderhaus sind nach der Hirschenwirtin Maria Stauder benannt. Sie hat in einem ursprünglich dreigeschossigen Bau ihr Gasthaus „Zum Goldenen Hirschen" betrieben. 1861 verstarb die Wirtin und vererbte der Stadt 60.000 Gulden für notleidende Klagenfurter Bürger. Mit diesem Geld wurde das heutige Stauderhaus mit 27 Wohnungen mit Bad und 16 Geschäften errichtet.

1 Benediktinerschule [Benediktinerplatz Nr. 1]

Der Bau der Volks- und Hauptschule, sog. Benediktinerschule, ist ein repräsentativer, dreigeschossiger Gebäudekomplex an der Westseite des Benediktinerplatzes. 1878 wurde dieser Schulbau errichtet, wobei die Bauweise bzw. die Fassade eine gewisse Schwere aufweisen. Die Marienkirche an der Südseite des Platzes ist hingegen durch ihre Schlichtheit geprägt.

2 Bürgerhaus [Benediktinerplatz Nr. 3]   Das zweigeschossige Haus stammt im Kern aus dem 17. Jahrhundert. Besonders interessant ist das Empire-Dekor an der Südfassade. Der Stuck an den Kapitellen besteht aus zopfartigen Festons klassizistischer Prägung. Die Westseite ist insofern interessant, da sich hier in der Giebelspitze ein „Auge Gottes", umgeben von Wolken und Strahlenkranz, befindet (Ende des 18. Jahrhunderts). Aus Stuck gebildete Blumenvasen stehen auf den darunter befindlichen Pilasterflächen. Die Witwe Peuscherin von Leonstein war beispielsweise 1670 Besitzerin des Hauses. An der Hauswand findet sich die Erinnerungstafel an Felix Ermacora. Er war ein österreichischer Verfassungsrechtler und Menschenrechtsexperte sowie Nationalratsabgeordneter der ÖVP von 1971 bis 1990.

1 Leonhaus [Dr.-Arthur-Lemisch-Platz Nr. 2]   Der dreiachsige Bau, das sogenannte Leonhaus, mit seinen vier Geschossen, dem dreigeschossigen Erker und einem Volutengiebel in der Dachzone, wurde 1905/1906 nach Plänen des Klagenfurter Stadtbaumeisters Max Schmidt im altdeutschen Stil erbaut. Auf der Fassaden-Wandmalerei zu sehen: Jakob Gutenberg und der heilige Hubertus.

2 Viktringer Hof [Paradeisergasse Nr. 2]   An der Südostecke des Neuen Platzes (Paradeisergasse/Karfreitstraße) befindet sich jenes Gebäude, das seit dem Jahre 1622 Absteigequartier der Äbte des Zisterzienserstiftes Viktring war. 1738 erhielt der Viktringer Hof unter Abt Benedikt Mulz seine heutige Gestalt. 1786 wurde das Stift aufgehoben. Namhafte Männer des Landes nutzten das Palais: von 1797 Franz Xaver Altgraf von Salm-Reifferscheidt, Fürstbischof von Gurk, und 1791 bis 1803 und 1806 bis 1821 Franz Reichsgraf von Enzenberg, Präsident des innerösterreichischen Appellationsgerichtes, das hier von 1791 bis 1850 seinen Sitz hatte. Das Oberlandesgericht war hier bis 1854, die Finanzdirektion bis 1898 untergebracht. Längere Zeit war das Gebäude mit einer Nutzfläche von 2200 Quadratmetern auch Amtsgebäude der Bezirkshauptmannschaft Klagenfurt-Land. Die letzten Jahre stand es allerdings leer. 2013 ging der Viktringer Hof in Privatbesitz über.

1 Burggasse [östlich vom Neuen Platz]   Die Gasse trug auch schon die Namen Völkermarkter Gasse bzw. Postgasse. Das alte Postgebäude befand sich einst im Ostteil. Auch die Stadtpalais von Abteien und Stiften sowie Adeligen wie z. B. vom Bistum St. Andrä, Stift Griffen oder der Propstei Tainach befanden sich in der Burggasse. Die Fassade des Hauses Nr. 3 ist ein Werk von Alois Cargnelutti. Im Haus Nr. 5 wohnte der bekannte Kärntner Botaniker Franz Xaver Wulfen. Die Häuser Nr. 9 und Nr. 11. weisen ein vom Jugendstil beeinflussten Fassadendekor auf. Die Gasse wurde nach der ehemaligen landständischen Burg benannt.

2 Ehem. Palais [Burggasse/Ecke Domgasse]   Auffallend an der Fassade des zweigeschossigen ehemaligen Palais sind die Engelsköpfe, die die Pilastern anstelle von Kapitellen schmücken. Die antikisierenden Büsten sind in die Fensterbekrönungen eingefügt. In den Jahren 1976–1978 erfolgte eine Restaurierung.

3 Geschäftshaus [Burggasse Nr. 4] Interessante Fassadengestaltung mit unterschiedlichen Fensterbekrönungen im ersten und im zweiten Stock.

4 Geschäftshaus [Burggasse Nr. 25] 1637 gehörte das Gebäude dem Dompropst von St. Andrä. Gegen Ende des 18. Jahrhunderts ging der Bau in bürgerlichen Besitz über. Der Dichter Adalbert Stifter wohnte 1877 in diesem Haus.

5 Eingang zur ehem. Burgkapelle [Burggasse Nr. 8] Die Kapelle ist ein besonderes Kleinod des „Museum Moderne Kunst Kärnten". Sie dient heute als Kunstraum für experimentelle Ausstellungsprojekte.

1 Burg [Bahnhofstraße Nr. 16, Paradeisergasse Nr. 7, Burggasse Nr. 8]   Mit dem Bau der ehemaligen Burg haben 1586 die protestantischen Landstände begonnen. Das Gebäude wurde für das „Collegium sapientiae et pietatis", die protestantische Adelsschule, genutzt. Von 1604 bis 1747 war hier der Sitz des Burggrafen. 1733/1734 musste der Baukörper verlängert werden, um die Burgkapelle anbauen zu können. Die Aufstockung des Gebäudes auf drei Geschosse erfolgte 1773/1774; gleichzeitig wurde auch die Fassade mit Pilastern und Stuck-Fensterbekrönungen versehen. 1854 wurde im Arkadenhof ein Treppenhausturm errichtet (heute abgetragen). Schäden gab es während des Zweiten Weltkrieges. 1938 wurde die im Jahre 1933 im ersten Stock eingerichtete Landesgalerie aufgelöst, 1965 wieder eröffnet. Seit 2003 befindet sich das MMKK (Museum Moderner Kunst Kärnten) darin. Mit dem Anschluss an Hittler-Deutschland richtete 1938 die Geheime Staatspolizei hier ihre Zentrale ein. Im Gebäudeinneren sind die Säle teilweise mit Stuckdecken versehen, wobei ein Raum davon von Gabriel Wittini (1682) gestaltet wurde.

2 Burgkapelle [Burggasse Nr. 8]   Burggraf Wolfgang Sigismund von Orsini-Rosenberg stiftete 1734 die Kapelle, die der Ehre des heiligen Domitian und dem Andenken der Burggrafen von Klagenfurt dienen sollte. Josef Ferdinand Fromiller gestaltete den Kapellenraum. Dominierend dabei ist das Fresko „Triumph des hl. Domitian". Von Engeln umgeben schwebt der Heilige über dem Stift Millstatt. Weitere Kärntner Heilige sind an der Nord- und Südwand als Illusionsmalerei zu sehen. Sie stehen auf Pilastern und sind durch ebenfalls gemalte Balustergeländer verbunden. Heute dient die Burgkapelle dem Museum Moderner Kunst Kärnten (MMKK) als Projektraum für zeitgenössische Künstler.

3 Burghof [Bahnhofstraße Nr. 16, Paradeisergasse Nr. 7, Burggasse Nr. 8]   Der Innenhof ist der größte Arkadenhof der Stadt.

1 Ehem. Hotel Moser Verdino [Domgasse Nr. 2]   Das Haus wurde 1897 errichtet, 1907 aufgestockt und mit einer neuen Fassade nach Plänen von Georg Horčička mit reichem Jugendstildekor versehen. Die Geschichte reicht weiter zurück: 1514 wütete ein Brand und ein kleines Häuschen entstand, wo einst das kleine Türl, der „Schlupf", in der Stadtmauer war. Der Kaufmann Georg Struggl und seine Frau Elisabeth erwarben 1680 das Haus, dessen Sohn Martin heiratete 1723, aber seine Frau Maria Josefa wurde sehr früh Witwe. Johann Nepomuk Moser, Maria Josefas Enkel, war nun am Zug. Sein jüngster Sohn baute 1860 das Haus aus. Schwiegertochter Henriette wurde im Alter von 26 Jahren Witwe. 1897 verkaufte sie das Haus an Julius Verdino (er starb mit 42 Jahren). Wieder war das Moser-Hotel ein Witwenbetrieb. Nach dem Krieg und der Beschlagnahmung durch die britische Besatzungsmacht wurde das Hotel im März 1954 wieder freigegeben. 1979 kaufte die Erste Allgemeine Versicherung das Haus. Das Hotel ist seit November 2016 geschlossen.

2 Palais Ursenbeck [Burggasse Nr. 15]   Das Palais mit seinen sieben Fensterachsen wurde Mitte des 17. Jahrhunderts erbaut und hat einen geräumigen rechteckigen Arkadenhof. Der Zugang von der Burggasse führt durch das Rustikaportal mit Sprenggiebel. Ein reliefierter Engelskopf ziert den Schlussstein des Portales. Zwischen der doppelläufigen Freitreppe auf der Nordseite des Hofes ist ein rundbogiges Portal angeordnet, dessen Schlussstein eine Frauenbüste trägt. Die korbbogigen Arkaden im Erdgeschoss stehen auf Pfeilern. Die Fassade weist eine additiv gegliederte Fassade mit Pilasterordnung auf. Von 1670–1678 nutzen die Ursulinen das Palais auch als erstes Kloster.

1 Hotel „Zum Goldenen Brunnen" [Karfreitstraße Nr. 14/Lidmanskygasse Nr. 8]   Das Bauwerk wurde Anfang des 17. Jahrhunderts errichtet und war ein Nebengebäude der gegenüberliegenden Jesuitenkaserne. Es wurde von den Jesuiten als Seminargebäude (Internat und Schule) genutzt. Über dem sehenswerten Rundbogenportal ist eine Inschrifttafel „Seminarium S.ignatii societatis Jesu fundatoris" mit einem vor dem Kruzifix knienden Jesuiten sowie einem Ordenswappen angebracht. Darüber findet sich die Jahreszahl 1668. Im Zweiten Weltkrieg wurde der Arkadenhof teilweise zerstört. 1977/1978 erfolgte eine Aufstockung des Gebäudes und eine Neugestaltung des Innenhofes.

2 Palais Rosanelli [Kardinalschütt Nr. 9]   Der spätklassizistische Bau ist ostseitig über den ehemaligen Stadtgraben vierstöckig und wurde um 1821 von Christoph Cragnolino errichtet. Der leicht hervortretende Mittelrisalit ist mit einem Portal versehen. Die Risalitsäulen tragen ein Gebälk mit Wappenreliefs. Der Dreiecksgiebel über dem Fries weist ein klassizistisches Reliefdekor auf.

1 Landesschulratsgebäude (ehem. Lyzeum) [10.-Oktober-Straße Nr. 24]   Im Kern ist das Gebäude aus dem 16. Jahrhundert und wurde in der Zeit des Frühbarock ausgebaut und nach 1843 in der Fassadengestaltung verändert. Die Arkaden im Erdgeschoss wurden nachträglich vermauert. Die Innenarchitektur weist Raum- und Gewölbeformen des späten 16. und frühen 17. Jahrhunderts auf. Die grisailleartige Malerei aus dem 19. Jahrhundert am Gewölbe der ehemaligen Studienbibliothek nimmt symbolhaften Bezug auf die einzelnen Wissenschaften. Das ehemalige k. k. Lyzeum mit der im Westen anschließenden ehemaligen Hauskapelle (heute altkatholische Pfarrkirche St. Markus) sind mit bemerkenswerten spätbarocken sowie historistischen Gewölbe- und Wandmalereien versehen. Die Jesuiten trugen zur Entwicklung der heutigen Universitätsbibliothek mit ihrer Lyzealbibliothek entscheidend bei.

2 Spitra-Hof [Bahnhofstraße Nr. 9, Burggasse Nr. 19–21, Fleischbankgasse Nr. 2]   1870 kam Emil Spitra der Ältere nach Klagenfurt. Er arbeitete in einer Gemischtwarenhandlung. 1880 heiratete er Theresia Mathilde Anna Semmelrock in Klagenfurt, die aus der wohlhabenden Fleischhauerfamilie Semmelrock stammte. Dadurch bekam er Zugang zu den bürgerlichen Familien der Stadt. 1885 übernahm Spitra das Geschäft seines Arbeitgebers. Zu Spitras Kunden zählten das gehobene Bürgertum, der Adel und der kaiserliche Hof. Der findige Geschäftsmann hatte einen eigenen Postversand und belieferte u. a. sogar den bayerischen König. 1906/1907 wurde das alte Spitra-Haus abgerissen und anstelle der vierstöckige und mit Türmchen versehene Spitra-Hof errichtet. Das Gebäude wurde während des Zweiten Weltkrieges beschädigt und von Emil Spitra d. J. wieder in Stand gesetzt.

1 Stadthaus [Bahnhofstraße Nr. 3]   Das Eckhaus aus der ersten Hälfte des 18. Jahrhunderts ist durch Pilaster gegliedert. Das Rundbogenportal wirkt noch barock. Zwischen den bekrönten Valuten des Portals befindet sich ein Marienbild. Fensterüberdachungen wechseln in geschwungene und dreieckige Form. Das mittlere Frontispiz an der Hauswand in der Bahnhofstraße wurde um die Mitte des 18. Jahrhunderts eingefügt. Ein Palais stand bereits 1605 an dieser Stelle. Wie Aufzeichnungen zu entnehmen ist, war der Propst von Kraig der Besitzer. Im Jahre 1769 befand sich das Haus im Besitz von Franz Michael von Ainett. Das Gebäude diente noch im ausgehenden 19. Jahrhundert als Herrenhaus.

1 Bürgerhaus [8.-Mai-Straße Nr. 26, Bahnhofstraße Nr. 27]   Das Eckhaus wurde 1900/1910 errichtet. Die Jahreszahl auf dem Fußboden ist mit 1903 datiert. Dabei wurden die Häuser in der Bahnhofstraße zu einem Haus zusammengelegt und mit einer neuen Fassade versehen. Gleichzeitig mit dem Dachbodenausbau wurde eine neoklassizistische Umgestaltung im Auftrag der Laibacher Bank durchgeführt. Architekt war Max Schmidt. Die Fassade fällt aufgrund der expressionistischen Dachatlanten und einem Eckaufbau ins Auge. Sie erhält dadurch einen repräsentativen Charakter. Die 8.-Mai-Straße hieß einst auch Fröhlichgasse, benannt nach dem Jesuitenpater Erasmus Fröhlich. Er hat sich um die Kärntner Geschichtsschreibung sehr verdient gemacht.

1 Villa [Villacher Ring Nr. 11]   Das stattliche dreigeschossige Gebäude mit Spätempire-Fassade und klassizistischem Turm wurde um 1830 in der Villacher Vorstadt am ehemaligen Stadtgraben errichtet. Die der Straße zugekehrte Hauptschauseite weist über den Fenstern des Hauptgeschosses Dreiecksgiebeln auf. Der Balkon wird von Konsolen getragen. Das Haus befand sich einst im Besitz des Klagenfurter Baumeisters Domenico Venchiarutti (1790 in Osoppo in Friaul geboren und 1859 in Klagenfurt gestorben), danach waren auch die Familie von Vest sowie Dr. Josef Pflanzl Eigentümer. Die Villa befindet sich in Privatbesitz. Die Innenräume (vor allem der Eingangsbereich, das Stiegenhaus und die Decken) weisen Wandmalereien auf.

BAUTEN AN DEN RINGSTRASSEN

Rund um die ehemals befestigte Altstadt von Klagenfurt, wo sich einst Wall und Graben befanden, verlaufen heute die breiten Ringstraßen: der Villacher, St. Veiter, Völkermarkter und Viktringer Ring. Entlang der Straßen befinden sich interessante Bauten – vom kleinen vorstädtischen Haus bis zum Prunkbau. Eine Begegnung mit der Stadtgeschichte, von Adel und Bürgertum geprägt, wird hier erlebbar.

3 **Gehsteige aus Pörtschacher Marmor** [Villacher Ring Nr. 11]   Klagenfurt wurde einst auch als „Weiße Stadt" bezeichnet. Um 1900 wurden die Gehsteige mit Pörtschacher Marmor ausgelegt. Nach dem Zweiten Weltkrieg wurden sie allerdings entfernt und durch Asphalt ersetzt. Nur an wenigen Stellen haben sich noch repräsentative Reste erhalten. Ein gutes Beispiel dafür ist vor dem Haus am Villacher Ring Nr. 11 zu sehen. Ebenfalls ein besonderes Merkmal waren breite Alleen.

1 Dorotheum [Villacher Straße Nr. 8]   Der dreigeschossige blockartige Bau mit klassizistischer Fassade weist die Adresse Villacher Straße auf, hat aber auch eine Ausrichtung auf den Villacher Ring. Die Errichtung wird Domenico Venchiarutti zugeschrieben (erbaut um 1830). Das Steinportal liegt an der Südfassade, darüber befindet sich ein Balkon. Ein Mäander verläuft über einen Teil des Traufgesimses.

2 Haus der Apothekerfamilie Linsee [Linsengasse Nr. 2]   Die für die Gasse namensgebende Apothekerfamilie Linse oder Linsee wanderte im 17. Jahrhundert ein und verband sich mit vielen Adels- und Bürgerfamilien. Johann Linsee, Sohn von Paul Linsee (er errichtete 1631 auf dem Neuen Platz die Adler-Apotheke) erwarb in der Stadt mehrere Häuser, so auch den Meierhof vor dem Villacher Tor. Nach dem Tod von Johann Linsee wurden die Äcker und der Meierhof verkauft. Urkundlich belegt ist, dass es hier auch das Gasthaus „Zur Linse" gab. Die Familie Linsee ist Ende des 18. Jahrhunderts ausgestorben. Der spätbarocke Bau stammt aus dem Ende des 18. Jahrhunderts und besitzt ein Korbbogenportal sowie einen platzlgewölbten Flur.

1 Sichl-Egger-Haus [Villacher Ring Nr. 31] Auf einem kleinen Hügel steht das mit der Jahreszahl 1842 datierte Gebäude. Bereits im 18. Jahrhundert stand an dieser Stelle ein Haus, das bei der Sprengung der Stadtmauer durch die Franzosen im Jahre 1811 zu Schaden kam. Domenico Venchiarutti, Sohn eines italienischen Maurermeisters aus Gemona, der als Junggeselle nach Klagenfurt kam und es bald zu bedeutenden Besitzungen gebracht hatte sowie selbst in Klagenfurt zahlreiche Bauwerke schuf, hatte den Bauplatz erworben. Das Haus ist vornehm fassadiert, der Mittelrisalit schließt drei Fensterachsen ein. Der von Konsolen getragene Balkon mit Eisengittern befindet sich über dem Hauptportal. Prachtvolle Malereien sind im Inneren zu sehen. Im Parterre steht eine Gußeisenbüste von Max Thaddäus Graf von Egger (1733–1805), „von seinem dankbaren Sohne Franz Graf von Egger" im Jahre 1836 errichtet (Besichtigung nicht möglich).

2 **„Herbertstöckl"** [St. Veiter Ring Nr. 1]   Das Haus, ein Musterbeispiel des Kärntner Stöckltypus, ist im 17. Jahrhundert erbaut worden. Die Familie Mittnacht zu Werthenau hat wahrscheinlich das Haus errichten lassen. Danach kam es 1741 in den Besitz der Familie Kulmer. 1747 wurde es vom Stift Ossiach erworben. 1767 kaufte das Stöckl Johann Michael Herbert. Er war der Besitzer der ersten Bleiweißfabrik Österreichs. Bis in das 19. Jahrhundert blieb das Gebäude auch in dessen Familienbesitz. Zu Beginn des 19. Jahrhunderts wurde das Haus erneuert sowie eine Neufassadierung vorgenommen. Im ersten Stock ist der durchgehende Saal noch in seinen Ursprüngen erhalten. Die Räume sind nach wie vor repräsentativ ausgestattet. 1994/1995 wurde das schmiedeeiserne Gartenportal mit Ranken, Spiralen und bekrönter Vase restauriert.

1 Napoleonstadel (Haus der Architektur) [St. Veiter Ring Nr. 10] Alois Cargnelutti hat 1847 das Gebäude, das heute als Haus der Architektur dient, als Depositorium des Stadtmagistrats Klagenfurt erbaut, danach war hier eine Tischlerwerkstätte samt Wohnung untergebracht. Anfang der 1990er-Jahre wurde ein Abriss zugunsten des vierspurigen Ringausbaus ernstlich erwogen. Auf Initiative der Zentralvereinigung der Architekten in Kärnten konnte der Abriss verhindert werden. Schließlich wurde das Gebäude adaptiert und dient heute als Forum für Baukultur. Der Name „Napolenstadel" beruht auf einer legendenhaften Überlieferung.

2 Weißes Ross [St. Veiter Ring Nr. 19]   Der zweigeschossige Bau am Übergang vom Barock zum Klassizismus präsentiert sich leicht erhöht am St. Veiter Ring. Das Gasthaus „Zum Weißen Ross" war in Zeiten, als noch Pferde für die Transporte auf der Straße wichtig waren, ein typisches Einkehrgasthaus. Hier gab es die Möglichkeit für die bäuerliche Bevölkerung, Pferde und Fuhrwerke abzustellen und auf dem Wochenmarkt die Waren feilzubieten. Das Zunftzeichen ist ein deutlicher Hinweis auf seine Verwendung: Gaststätte „Zum Weißen Ross". Einst waren die Haus- und Zunftzeichen eine vertraute Orientierungshilfe und wiesen auf Gaststätten, Wirtshäuser, Apotheken und Handwerker hin. Heute sind diese Zeichen auch in Klagenfurt bereits Raritäten.

1 Bürgerhaus/Wohn- und Bürogebäude [St. Veiter Ring Nr. 51]   Das aus der Spätzeit des 18. Jahrhunderts stammende dreigeschossige Haus weist eine siebenachsige Pilasterfassade auf, in deren Mitte im 1. Stock drei Fenster mit segmentbogenartiger Überdachung mit Blüten und Zopfornamentik geschmückt sind. Eine Besonderheit sind auch die Nixengestalten, die als Rinnenkessel gearbeitet sind und als Überleitung von den Dachtraufen zu den Fallrohren dienen. Sie sollen vom alten Theater stammen.

2 **Biedermeierhaus** [Raiffeisenplatz Nr. 2]   Der zweigeschossige Biedermeier-Bau – ein Beispiel des Kärntner Stöckltypus – ist ein gut proportionierter kubischer Baukörper mit einem hohen Zeltdach. Auf dem Korbbogenportal ist die Jahreszahl 1811 vermerkt. Rosetten schmücken das Fensterparapet. Die Fenster im Erdgeschoss zeigen schöne Empiregitter.

1 Amalienhof [Völkermarkter Ring Nr. 23/Hasnerstraße Nr. 1]   Nach Plänen von Anton Bierbaum wurde 1899 der „Amalienhof" erbaut. Der dreigeschossige, späthistoristische Bau mit horizontaler Fassadengliederung weist auch einen mit einer Haube bekrönten Eckerker auf. 2009 wurde mit der Generalsanierung des denkmalgeschützten Gebäudes begonnen und im Hof ein Neubaubereich geschaffen. Die Räumlichkeiten wurden für die Büronutzung entsprechend adaptiert und 2013 bezogen.

2 Carinthia [Völkermarkter Ring Nr. 25, Hasnerstraße Nr. 2, Funderstraße Nr. 1, 1a]   Der St.-Josef-Verein hat 1891 den Ankauf des Bauplatzes beschlossen und den Bau in Auftrag gegeben. Nach dem Willen des damaligen Bischofs von Gurk und Gründer des St.-Josef-Vereins, Dr. Josef Kahn, „solle die Druckerei modern sein, damit keine Arbeit zurückgewiesen werden muss". Am 30. Dezember 1893 wurde nach einem Gottesdienst in der Stadtpfarrkirche die St.-Josef-Vereins-Druckerei eingeweiht. 1894 erfolgte die offizielle Inbetriebnahme mit 14 Setzern und einem Korrektor sowie Druckern und Helfern. Dem Gründungsgedanken entsprechend, wonach die Druckerei eine „Geschäftsdruckerei" sein soll, wurde stets auf technische Innovation gesetzt: 1897 erste Setzmaschine, 1906 Zeitungsrotationsmaschine, 1967 Einführung der Offsettechnik, 1975 erste Fotosatzmaschine. Heute ist die „Carinthia" ein umfassendes Medienhaus.

1 Schulgebäude Europagymnasium [Völkermarkter Ring Nr. 27, Funderstraße Nr. 2]   Ein Vorgänger des heutigen Gymnasiums wurde Mitte des 16. Jahrhunderts als „Collegium Sapientiae et Pietatis" gegründet. Ab 1586 erfolgte der großzügige Neubau der Ständeschule (heute Burg). Die Landstände unterhielten die Schule bis zur Schließung während der Gegenreformation 1600. Die Jesuiten betrieben bis zu ihrer Aufhebung 1773 ein eigenes Gymnasium (Seminarium). Nach der Ordensaufhebung bestand in Klagenfurt ein Lyzeum in der Kaufmanngasse, das längere Zeit von Benediktinern aus St. Paul betreut wurde. Das Europagymnasium ist heute eine Allgemeinbildende Höhere Schule und setzt besondere Schwerpunkte bei der Vermittlung von Sprachfertigkeiten. Seit 1995 bestehen die „Europaklassen".

2 Konzerthaus [Mießtaler Straße Nr. 8, Völkermarkter Ring Nr. 36]   Der historische Bau wurde 1898 bis 1900 nach den Plänen von L. Theyer errichtet. 1944 zerstörten Fliegerbomben das Konzerthaus. Lediglich ein Saal blieb erhalten. 1952 wurde das wieder aufgebaute Haus nach der Sanierung (Kriegsschäden) mit einem großen Konzert der Wiener Philharmoniker wiedereröffnet. 1995 erfolgte nach den Plänen von Eduard Egger eine Aufstockung (Dachgeschoss). Bereits 1952 sind die musizierenden Genien von Ernst Graef in Fresko- und Seccomalerei auf Stuck entstanden, die im Foyer des Konzertsaales die Eingangswand schmücken. Im Stiegenhaus des Obergeschosszubaus ist eine sehenswerte Kunst-am-Bau-Installation von Rudi Benétik zu sehen (blaue Wolkentöne).

1 Hasnerschule [8.-Mai-Straße Nr. 44, Adlergasse Nr. 11, Lidmanskygasse Nr. 55]   Der Gebäudekomplex der Hasnerschule befindet sich zwischen Völkermarkter Ring, 8.-Mai-Straße, Adlergasse und grenzt auch an den Park der Freiwilligen Schützen. Das Gebäude wurde im Jahre 1894 erbaut. Namensgeber der Schule ist Prof. Dr. Leopold Hasner von Artha (1818–1891), ein böhmisch-österreichischer Jurist und Politiker. Er hat als Unterrichtsminister 1869 das Reichsvolksschulgesetz erwirkt.

2 Landesmuseum für Kärnten [Museumgasse Nr. 2]   Das kultur- und naturwissenschaftliche Museum in Klagenfurt geht auf die Gründung des Geschichtsvereins für Kärnten im Jahre 1844 zurück. Der vier Jahre danach gegründete Naturwissenschaftliche Verein richtete am Kardinalplatz (später gemeinsam mit dem Geschichtsverein im Landhaus) ein Museum ein. 1877 wurde eine Kommission mit der Planung eines neuen Gebäudes befasst. Die Grundsteinlegung erfolgte 1879. Nach den Plänen des Klagenfurter Architekten Gustav Gugitz wurde das neue im Stil der Neorenaissance errichtete Museumsgebäude am 10. Juli 1884 eröffnet. Kronprinz Rudolf legte im Stiegenaufgang den Schlussstein, deshalb wird das Museum auch als „Rudolfinum" bezeichnet. Im Zweiten Weltkrieg wurde das palaisartige Gebäude durch Bomben beschädigt. Das Museum und die Sammlung befinden sich in Landesbesitz.

1 **Kammer für Land- und Forstwirtschaft** [Museumgasse Nr. 5, Mießtaler Straße Nr. 6]   Mit Unterstützung der Kärntner Sparkasse wurde von Architekt Gustav Gugitz das heutige Landwirtschaftskammer-Gebäude im Jahre 1878 erbaut und an die damalige Landwirtschaftsgesellschaft übergeben. In der Ackerbauschule fand der Unterricht statt und auch die Büros der Landwirtschaftsgesellschaft waren hier untergebracht. Anton Tscharre aus Pokeritsch war der erste Landwirt in der Position des Präsidenten der Landwirtschaftsgesellschaft. Im Ersten Weltkrieg (1914–1918) wird die Ackerbauschule in der Museumgasse geschlossen und das Gebäude zum Militärspital umfunktioniert. Der Kärntner Heimatdienst organisierte von hier aus 1920 teilweise die Kärntner Volksabstimmung. 1932 erfolgt die Gründung der Landwirtschaftskammer. Bei einem Bombenangriff der Alliierten 1944 wurde das Haus stark beschädigt. Mit einer umfassenden Sanierung und Aufstockung wurde 2003 der Wiederaufbau des heutigen Gebäudes der Landwirtschaftskammer Kärnten abgeschlossen.

2 **Landesregierungsgebäude** [Arnulfplatz Nr. 1, Mießtaler Straße Nr. 2]   Von Wilhelm Bäumer 1873–1875 als Verwaltungsgebäude der Hüttenberger Eisenwerks Gesellschaft errichtet, kam das Gebäude 1887 in Staatsbesitz und hier wurde die Verwaltung der Kärntner Landesregierung untergebracht. Dem aus einem Süd- und Westflügel bestehenden Bau wurde 1887/1888 ein Nord- und 1889 ein Osttrakt angebaut. Im Südflügel ist ein Festsaal (der heutige Spiegelsaal) untergebracht. Ulf Komposch gestaltete 1972 diesen Spiegelsaal neu. Das Stiegengeländer schuf der Künstler Werner Lössl.

1 Mohorjeva/Hermagoras [Viktringer Ring Nr. 26] Der mit reicher Fassadengliederung versehene Bau stammt aus der Gründerzeit; Fertigstellung 1894. Der Hermagoras-Verein in Klagenfurt (Mohorjeva družba v Celovcu) wurde 1851 unter Bischof Anton Martin Slomšek als Hermagorasbruderschaft gegründet. Namensgeber ist der heilige Hermagoras. Der Vereinszweck bestand darin, slowenische und christliche sowie patriotische Bücher für die slowenischsprachige Bevölkerung zu publizieren. 1860 konnte der Verein eine eigene Druckerei eröffnen. Die Mitgliederzahl des Verlags lag 1918 bei 90.000. Die nationalsozialistischen Machthaber lösten 1940 den Verein auf und konfiszierten das Vermögen. Ein Teil davon wurde nach dem Krieg wieder rückerstattet. 1951 nahm die Druckerei wieder ihre Tätigkeit auf. Der Verein führt seit 1989 auch eine private zweisprachige Volksschule in Klagenfurt. Jährlich werden vom Hermagoras-Verlag zwischen 50 und 60 Bücher publiziert. Im Eingangsbereich: Metallrelief von Valentin Oman; Stiegenaufgang zum 1. Stock: Bleisetzmaschine sowie Schriftsatzkästen.

2 Pädagogisches Institut des Bundes in Kärnten [Viktringer Ring Nr. 30]   Der repräsentative dreigeschossige Bau wurde um 1830 errichtet. 1928 wurde das Gebäude ins Eigentum der Stadtgemeinde Klagenfurt übernommen. Ein Bombenangriff am 15. März 1945 beschädigte das Gebäude schwer. In den Jahren 1992–1994 erfolgte eine Generalsanierung. Seit 1. Oktober 1994 sind hier das Zentrum für Schulentwicklung, das Pädagogische Institut des Bundes in Kärnten, die Buchhaltung des Landesschulrates für Kärnten sowie die Schulpsychologie und Bildungsberatung untergebracht.

1 Altes Rathaus [Alter Platz Nr. 1]   Der Arkadenhof des einstigen Palais Welzer und heutigen Palais Rosenberg darf zu den schönsten von Österreich gezählt werden. Das Haus wurde ursprünglich im 16. Jahrhundert von der Familie Welzer als Stadtpalais erbaut und fasziniert mit dem einzigartigen Arkadenhof. Beim Blick über das Dach hinaus ist im Hintergrund der Turm der Stadtpfarrkirche zu sehen.

INNENHÖFE VERMITTELN DEN ZAUBER DES SÜDENS

Italienische Baumeister haben sie vor Jahrhunderten geschaffen: einen Großteil der aus dem 16. Jahrhundert stammenden Innenhöfe. Sie sind charakteristische Elemente von Klagenfurt. Innerhalb der Ringe gibt es über 140 davon. Viele sind öffentlich zugänglich und vermitteln den Zauber des Südens.

2 Bamberger Haus [Alter Platz Nr. 22]   Ursprünglich hatte der Hof auf allen vier Seiten Arkadengänge. Zwischenzeitlich sind einige jedoch zugemauert. Im Erd- und im obersten Geschoss dienen Pfeiler als Stützen, das Hauptgeschoss besitzt schlanke Säulenarkaden.

3 Geschäftshaus/Tschernitz-Haus [Neuer Platz 7]   Lichtdurchfluteter Innenhof an der Ostseite des Neuen Platzes. Der Arkadenhof ist aus dem 17. bzw. 19. Jahrhundert.

1 Die Burg [Burggasse Nr. 7, Domgasse Nr. 5, Bahnhofstraße Nr. 16]   Der weiträumige Arkadenhof, der für unterschiedliche Veranstaltungen genutzt wird, ist markant für die Burg. Die Südseite wie auch der Osttrakt weisen im oberen Teil verglaste Arkaden auf. Unter den zahlreichen Renaissancehöfen in Klagenfurt ist jener der Burg der größte. Die Säulen sind großteils aus Chloritschiefer und aus Konglomeratgestein gefertigt.
An der Nordwestecke des ersten Stockes ist über den Arkadengang auch das Museum Moderner Kunst Kärnten (MMKK) zu betreten. Interessant ist nicht nur die Kunst, die hier präsentiert wird. Es lohnt sich auch ein Blick an die Decke, wo in einem der Säle im Osttrakt eine Holztramdecke der späten Renaissance oder im Nordtrakt lombardischer Stuck von Gabriel Wittini (um 1680) zu sehen sind.

1 Domplatz [vor dem Hauptportal der Domkirche]   Die Klagenfurter Domkirche wurde während des Zweiten Weltkrieges mehrmals durch Bomben beschädigt. Ebenso die „Jesuitenkaserne", die in den 1960er-Jahren abgetragen wurde. Die Schäden an der Domkirche wurden im Zuge der Außenrenovierung zwischen 1974 und 1977 behoben. Nach einem Entwurf von Ewald Kaplaner wurde die Westfassade neu gestaltet. Im Zuge dieser Umgestaltung bekam auch der Domplatz das heutige Aussehen.

2 Pfarrplatz [Südseite bei der Stadthauptpfarrkirche]   Teile des heutigen Pfarrplatzes waren einst ein Friedhof der Pfarre. Er diente der ganzen Stadt als Begräbnisstätte. 1772 wurde dieser Friedhof aufgelassen. 1780 gehörten St. Egid knapp 10.000 Personen an. Die Fassade der Kirche gestaltete Franz Schachner 1893 neu.

PLATZ FÜR DAS ÖFFENTLICHE LEBEN

Zentrale Orte, von Häusern umgeben, wurden seit jeher zum Versammeln und Handeln genutzt. Frühere Generationen haben uns in Klagenfurt Plätze mit unterschiedlichen Funktionen hinterlassen: Alter Platz, Arnulfplatz, Arthur-Lemisch-Platz, Benediktinerplatz, Domplatz, Heiligengeistplatz, Heuplatz, Kardinalplatz, Neuer Platz, Pfarrplatz, Stauderplatz, Theaterplatz.

3 **Neuer Platz** [mit Lindwurm]   Mit einer Länge von 175 Metern und einer Breite von 75 Metern hat der Neue Platz eine besondere Bedeutung als „Haupt"-Platz in der Stadt. Er wird für unterschiedliche Veranstaltungen und Feste genutzt. In der Mitte steht das Wahrzeichen, der Lindwurm. Der Lindwurmbrunnen mit dem Drachen und dem Herkules sowie dem Renaissancegitter wurde 1636 fertiggestellt. Im Bild ist der Blick von der Westseite des Rathauses in Richtung Burggasse zu sehen. Unmittelbar vor dem Rathaus ist ein Textband mit vier Einheiten in den Boden eingelassen: „Im 16. Jh bauten die Kärntner Landstände das ihnen geschenkte Klagenfurt zur Metropole aus / Die repräsentative Architektur rund um den zentralen Neuen Platz vermittelt die Botschaft / von der Selbständigkeit des Landes Kärnten / Klagenfurt wurde zur einzigen nicht dem / Landesfürsten gehörenden Landeshauptstadt in den österreichischen Erbländern der Habsburger."

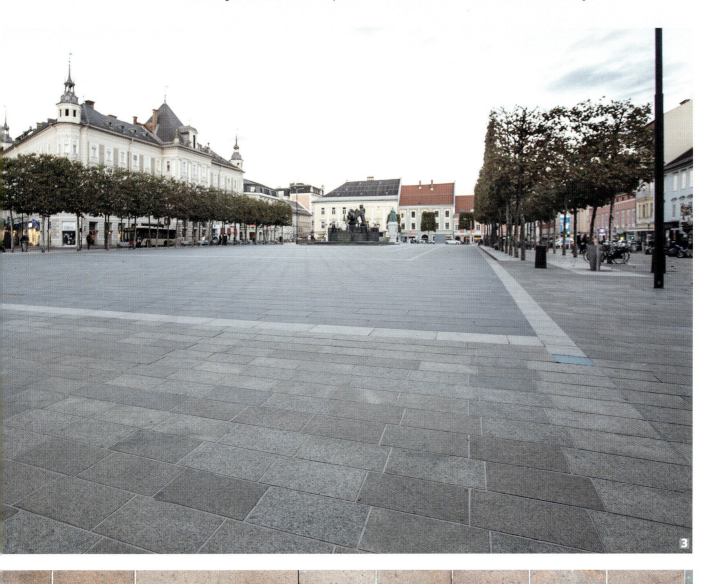

1 Kaufmanngasse [Lidmanskygasse zum Viktringer Ring]   Donnerstags und samstags werden hier landwirtschaftliche Produkte feilgeboten. Es wird verkauft und gekauft. Benannt ist die Gasse aber nach Ferdinand Kaufmann (1781–1852). Aus bescheidenen Verhältnissen kommend, hat er es zu einem wohlhabenden Hausbesitzer geschafft. Testamentarisch verfügte er, dass mit seinem Geld eine Knabenerziehungsanstalt entstehen sollte. Der Blick führt von der „Schütt" vom Süden in Richtung Norden. Im Vordergrund ist der Kirchturm der Marienkirche zu sehen, der mächtige Turm der Stadtpfarrkirche im Hintergrund. In der Kaufmanngasse befindet sich auch die Altkatholische Markuskirche, ehemalige Schulkapelle des k. k. Lyzeums.

SPAZIERGANG DURCH DIE ENGEN GASSEN

Verträumte enge Gassen, romantische Winkel und liebevoll revitalisierte Fassaden – Sie machen auch den Reiz der Innenstadt von Klagenfurt aus. Bei einem Spaziergang lässt sich der historische Teil am besten entdecken und die Spuren einer längst vergangenen Zeit werden erlebbar. Kurz gesagt: Die Geschichte auf Schritt und Tritt erleben.

2 Tabakgasse [Neuer Platz/Wiesbadener Straße zum Landhaushof/Alter Platz]   Die Gasse hat ihren Namen vom Tabakamt, das im ehemaligen Maria Saaler Hof untergebracht war.

3 Geyergasse [Alter Platz zum Rennplatz]   Ursprünglich hieß die Gasse Renngasse und wurde schließlich nach dem Besitzer der Geyerwirt-Realität Simon Geyer umbenannt.

4 Badgasse [Alter Platz zur Osterwitzgasse]   Im Mittelalter waren die Badestuben, die sich einst in dieser schmalen und mit Schwibbögen versehene Gasse befanden, sehr beliebt. Sie führte einst vom Alten Platz zur Stadtmauer. Die Fassaden sind schmucklos, dahinter verbergen sich aber die ältesten Häuser der Stadt.

1 Lindwurmbrunnen [Neuer Platz]   Der Brunnen mit dem Wappentier aus dem 16. Jahrhundert ist das Wahrzeichen der Stadt. Die Errichtung des Lindwurms wurde 1583 von den Kärntner Ständen beauftragt.

2 Wörthersee-Mandl [Kramergasse]   Der gebürtige Klagenfurter Heinz Goll (1934–1999) hat die Metallplastik 1965 geschaffen. Der Sage nach soll am Südufer des Wörthersees eine Stadt mit prachtvollen Gebäuden versunken sein. Die Bewohner waren wegen des Reichtums übermütig geworden und wollten von Sitte und Gott nichts mehr wissen. Da kam zu später Stunde am Vorabend des Osterfestes, als die Bewohner tanzten und ein Gelage feierten, ein Männchen und warnte, dass sie umkehren mögen. Doch sie verhöhnten das Männchen. Um Mitternacht kam es wieder und drohte, den Hahn des Fässchens zu öffnen, wenn sie das Treiben nicht beenden würden. Wieder tönte Gelächter durch den prunkvollen Saal. Das Männchen öffnete den Hahn, die Lichter erloschen, Sturm kam auf und eine endlose Flut ergoss sich über die Stadt und bildete so den heutigen See.

BRUNNEN ALS „MARKSTEINE" AN PLÄTZEN, WEGEN UND STRASSEN

Brunnen erinnern daran, dass an diesem Ort ursprünglich das lebensnotwendige Nass für Mensch und Tier zur Verfügung gestellt wurde. Aus unterschiedlichen Motiven wurde dabei auch auf die künstlerische Ausgestaltung Wert gelegt. Dazu eine kleine Entdeckungsreise.

3 Spanheimer-Denkmal [Dr.-Arthur-Lemisch-Platz]   Die Figur aus Carrara-Marmor (geschaffen von Arnulf Anton Pichler) ist dem zweiten Gründer von Klagenfurt, Herzog Bernhard von Spanheim, gewidmet und wurde 1954 enthüllt. Herzog Bernhard von Spanheim war ein Nachkomme des rheinfränkischen Geschlechts. Er erbaute auf festem Schottergrund den jüngeren Siedlungsteil im Bereich des heutigen Alten Platzes. Er war von 1202 bis 1256 Kärntner Herzog. Im 16. Jahrhundert befand sich hier auch das sogenannte „Narrenhäusl", ein eiserner Käfig (Pranger), in dem Übeltäter zur Schau gestellt wurden. Der Denkmalsockel mit den naturalistischen Löwen stammt noch von Josef Valentin Kassin, der ursprünglich dieses Monument 1830/1831 auf dem Alten Platz errichtet hatte .

4 Obeliskbrunnen [Landhaushof]   Obeliskbrunnen im Landhaus, geschaffen von Christophoro Cragnolino nach einem Entwurf von Domenico Venchiarutti. Der Obelisk wird von Kugeln getragen. Auf der Rückseite die Jahreszahl 1833.

1 Kiki-Kogelnik-Brunnen [Landhaus]   Die Kärntner Künstlerin Kiki Kogelnik nannte den Brunnen aus dem Jahre 1997 „Gesang" (das Wasser fließt aus den singenden Mündern). Er ist 4,30 Meter hoch und steht an der Südseite des Landhauses. Kiki Kogelnik war Österreichs wichtigste Pop-Art-Künstlerin. Sie wuchs in Bleiburg auf. Nach dem Akademiestudium stellte sie erstmals in der Galerie nächst St. Stephan in Wien aus. Nach zahlreichen Reisen durch Europa wandte sich Kiki Kogelnik schließlich in New York der Pop Art zu. Sie schuf im Spannungsverhältnis zwischen der New Yorker Kunstszene, europäischer Tradition und ihrer österreichischen Herkunft ein umfassendes Werk aus Malerei, Skulpturen, Objekten und Installationen im öffentlichen Raum.

2 Fluderbrunnen [Schillerpark] Der von Domenico Venchiarutti 1859 errichtete Fluderbrunnen stand ursprünglich vor dem heutigen Stadthaus. 1971 wurde er abgetragen und 1984/1985 im Schillerpark neu aufgebaut. Fluder waren brunnenkastenartige Bassins mit Treppen (Einstieg zum Feuerbach), wo Frauen Wäsche schwemmten. Der Fluder diente auch als Löschwasserbehälter. Das Motiv des Wasserspeiers stammt ursprünglich von Josef Kassin (1921); ausgeführt von Carl Langer 1935.

1 **Moderner Brunnen** [Alter Platz] Umringt von Häusern und Palais aus dem 16. und 17. Jahrhundert, wurde vor einem der ältesten Häuser von Klagenfurt – „Zur Goldenen Gans"– ein moderner Brunnen aufgestellt.

2 **Nymphenbrunnen** [Schubertpark] An einem Reststück der seinerzeitigen Stadtmauer (des ehemaligen Kleinmayr-Gartens) befindet sich eine Grotten-Nische mit Nymphe und Wassergeist. Karl Langer schuf 1935 die Marmorfiguren. Der Entwurf stammte von Josef Kassin.

3 Vierarmiger Brunnen [Park der Kärntner Freiwilligen Schützen]   Der Brunnen, der sich im Park zwischen dem Völkermarkter Ring und der Adlergasse gegenüber dem Konzerthaus befindet, wurde vom Künstler Hans Muhr gestaltet. Der Park, den es seit 1982 gibt, ist jenen freiwilligen Schützen gewidmet, die 1915 nach der Kriegserklärung durch Italien die Kärntner Grenzen beschützt haben.

4 Goldener Brunnen [Karfreitstraße/Lidmanskygasse]   Der Arkadenhof, in dem sich der Brunnen befindet, wurde im Zweiten Weltkrieg weitestgehend vernichtet. Das Haus „Goldener Brunnen" wurde im 17. Jahrhundert errichtet und war ein Nebengebäude der Jesuitenkaserne, die auf dem heutigen Domplatz stand. Die Bezeichnung „Brunnen" steht im Zusammenhang mit dem einstigen Gassennamen. Einer Legende zufolge soll hier im Hause auch ein Goldschatz verborgen gewesen sein.

1 Springbrunnen [Schubertpark]   An der Nordseite des Stadttheaters befindet sich der Schubertpark (im Volksmund auch „Theaterpark" genannt). Das Areal umfasst eine Fläche von etwa 28.000 Quadratmetern. Nach der Einebnung des ursprünglichen Wassergrabens wurde 1925 mit der Gestaltung der Parkanlage begonnen. Diese grüne Oase zeigt sich vor allem wegen der zahlreichen Bepflanzung mit Bäumen von der schönsten Seite: Silberpappeln, Sommer- und Winterlinde oder Rotbuche. In die Grünfläche eingebettet ist ein Wasserbecken mit einem Springbrunnen. Im Sommer ist das ein beliebter Ort der Erfrischung.

2 Trinkwasserbrunnen [Karfreitstraße]   Jan Milan Krkoška schuf 1989 die bronzene Skulptur des Trinkwasserbrunnens.

3 Schwester-Ulli-Löscher-Brunnen [Innenhof des ehemaligen Bürgerspitals, Bahnhofstraße Nr. 35]
Ulli Löscher ist vor allem in Sportlerkreisen sehr bekannt, denn sie versorgte auf den Sportstätten die Wehwehchen von Sportlern. Ihre Kräuterwürfelzuckerl-„Dopings" waren legendär. Mit den Rauchern hatte sie allerdings keine Freude. Sie beschäftigte sich auch mit Literatur und veranstaltete Lesungen mit Willi Rudnegger und besprach Märchenkassetten. Der Innenhof mit dem Brunnen (Erinnerungstafel an der Südwand) lädt zum Verweilen ein.

4 BKS-Brunnen [Ecke St. Veiter Straße/St. Veiter Ring]   Brunnenskulptur vor dem Zentralgebäude der BKS Bank 3 Bankengruppe am St. Veiter Ring 43. Mit dem Bau des Gebäudes wurde 1991 nach den Plänen von Architekt Professor Wilhelm Holzbauer begonnen. Im November 1993 erfolgte die Inbetriebnahme.

1 Ossiacher Hof [Wiener Gasse Nr. 10, Innenhof]   Brunnen im Innenhof des 1627 erbauten Ossiacher Hofes.
2 Trinkwasserbrunnen [Karfreitstraße]   Erfrischendes Wasser gibt es nahe des Viktringer Hofes.
3 Trinkwasserbrunnen [Neuer Platz]   An der Süd-West Seite des Neuen Platzes.
4 Puttibrunnen/Delphinbrunnen [an der Nordseite der Stadtpfarrkirche]   Zwei Putti und Fische inmitten eines flachen Beckens. Der Brunnen wurde 1929 von Josef Kassin gestaltet.

5 **Marienbrunnen** [Stift Viktring, Stift-Viktring-Straße Nr. 25]   Der Marienbrunnen steht inmitten des Stiftshofes (Marienhof) und wurde 1675 unter Abt Wilhelm Malle errichtet. Das Becken ist mit einem schmiedeeisernen Gitter eingefasst. Die Statue einer Maria Immaculata steht in der Mitte mit seitlich jeweils drei Säulen mit Aufsätzen, dazwischen eine Kartusche mit Doppelwappen von Abt Bernhard Winterl (1765). Die Statuen des heiligen Benedikt und des heiligen Bernhard stehen auf Postamenten. Das Stift Viktring war ein Zisterzienser-Kloster (gegründet von Graf Bernhard von Spanheim) und wurde 1142 von Mönchen aus dem Kloster Villers-Bettnach besiedelt. Ein Umbau des Klosterobjektes in die heutige Form erfolgte unter Benedikt II. Mulz (1720–1763). In Klagenfurt kommt es zum Bau des Viktringer Hofes in der Karfreitstraße 1. Die Brüder Johann und Christoph Moro ersteigerten 1788 das Klostereigentum und etablierten eine Tuchfabrik. 1970 kam das Stift in den Besitz der Republik Österreich. 1977 wurde in den Gebäuden ein Gymnasium eingerichtet.

1 Stadtmauer, Villacher Tor [Villacher Straße]   Von der ursprünglichen Stadtmauer (Baubeginn ab 1527), die ganz Klagenfurt umschloss, ist heute nicht mehr viel übrig. Napoleons Truppen haben sie 1809 gesprengt. Der rhombenförmige Grundriss mit spitzwinkeligen Bastionen an den Ecken wurde von Domenico dell'Allio konzipiert. Reste des Villacher Tores sind noch zu sehen.

2 Poterne [Kardinalschütt]   Der Poterneneingang an der ehemaligen westseitigen Stadtmauer. Die Poternen führten durch den Wall (beidseitig der Rampen). Ein Gastlokal wurde hier eingerichtet.

3 Zugang zur Stadtmauer [Villacher Ring]   Der Stiegenaufgang zum Türl durch die Stadtmauer vom Stadtgraben aus.

RESTE DER EINSTIGEN STADTMAUER SIND NOCH VORHANDEN

1591 wurde die Befestigungsanlage mit den vier Stadttoren fertig gestellt. 1799 wurde Klagenfurt von Napoleons Truppen besetzt. Im Dezember 1809 begannen Sie mit der Sprengung der Stadtmauer. Mitte des 19. Jahrhunderts erfolgte die Einebnung der Wallanlage und auch der Stadtgraben wurde zugeschüttet – bis auf einen kleinen Teil.

4 **Stadtmauer/Stadtgraben** [Villacher Ring]   Die Wehranlage mit der Mauer und dem Wassergraben ist zwischen 1527–1591 mit großem finanziellen Aufwand entstanden. Reste der Mauer und des Wassergrabens sind noch im Stadtgraben am Villacher Ring zu sehen. Gigantische Erdbewegungen waren nötig, um den Stadtgraben auszuheben. Über den Lendkanal, der ebenfalls errichtet werden musste, wurde das Wasser vom Wörthersee zum Stadtgraben geleitet. 1591 war die Befestigungsanlage – mit einem umlaufenden Wall mit einer 15 Meter hohen Steinmauer – und den vier Toren fertiggestellt. Der Aushub wurde zu einem Wall aufgeschüttet und ist an der Kardinalschütt, Geyerschütt und Heiligengeistschütt noch teilweise vorhanden.

1 Stadtgraben [Villacher Ring]   Eine auf dem Reißbrett entworfene Befestigungs- und Stadtanlage, maßgeblich geplant von Domenico dell'Allio, entstand in Klagenfurt nach 1527. Einen kleinen Eindruck von diesem Wassergraben um die Stadtmauer kann man noch am Villacher Ring zwischen Rothauer Hochhaus und der Seniorenresidenz gewinnen. Im Bild ist auf der rechten Seite der Wall und auf der linken die vierspurige Ringstraße zu sehen. Die Parkanlage wird als Naherholungsraum von den Bewohnern der umliegenden Häuser bzw. von Schülern der Benediktinerschule genutzt. Es gibt auch einen Kinderspielplatz.

PARKANLAGEN ANSTELLE DES WASSERGRABENS

Die öffentlichen Parkanlagen an den Ringstraßen sind nach Persönlichkeiten aus Musik und Literatur benannt. Sie wurden angelegt, nachdem der ehemalige Stadtgraben zugeschüttet wurde. Die liebevoll bepflanzten und gepflegten grünen Oasen werden seit Jahrzehnten sorgsam bewahrt und erfreuen das Auge.

2 Koschatpark [Viktringer Ring]   Der Park ist dem Kärntner Liederfürsten Thomas Koschat gewidmet.

3 Schillerpark [Villacher Ring]   Nach Einebnung des Stadtgrabens wurde 1905 der Park geschaffen. Bäume aus unterschiedlichen Ländern (USA, Asien, Südeuropa) sind hier zu bewundern.

4 Goethepark [Villacher Ring/St. Veiter Ring]   Dem Literaturklassiker Johann Wolfgang von Goethe wird mit dem Park die Ehre gegeben. Das Künstlerhaus fügt sich in dieses wunderschöne Bild ein.

5 Schubertpark [St. Veiter Ring]   Östlich des Goetheparks schließt der Schubertpark an, wo sich auch Büsten von bekannten Persönlichkeiten befinden.

6 Rauscherpark [St. Veiter Ring/Völkermarkter Ring]   Das Geburtshaus des Schriftstellers Ernst Rauscher von Stainberg befindet sich in der Nähe. Nach ihm wurde auch der Park benannt.

1 Jüngling vom Magdalensberg [Stauderplatz]   1502 wurde beim Pflügen auf dem Magdalensberg am Rande des Zollfeldes (Virunum) die antike Bronzestatue gefunden. Der Jüngling auf dem Stauderplatz ist eine Kopie nach dem renaissancezeitlichen Abguss (16. Jahrhundert). Diese befindet sich im Kunsthistorischen Museum in Wien und orientiert sich an klassischen griechischen Skulpturen. Die Statue gilt als Werk der römischen Idealplastik aus dem 1. Jh. v. Chr.

2 Die „Löwalan" [Villacher Tor, Heuplatz, Getreidegasse]   Die drei „Löwalan", wie sie im Volksmund genannt werden, hielten alle an den Toren der einstigen Stadtmauer „Wache". Sie stammen aus dem letzten Viertel des 16. Jahrhunderts.

ZEUGNISSE KULTURELLER ENTWICKLUNG UND ERINNERUNG

Im weitesten Sinne sind Denkmäler künstlerisch gestaltete Objekte, die das Ziel haben, an ein geschichtliches Ereignis oder an eine Persönlichkeit zu erinnern. In Klagenfurt gibt es eine Reihe von Denkmälern, die von der vielfältigen wirtschaftlichen und kulturellen Entwicklung der Stadt und darüber hinaus Zeugnis geben.

3 Gedenkstein [Arnulfplatz]   An der Westseite des Kärntner Landesregierungsgebäudes erinnert ein Gedenkstein an Arnulf von Kärnten (850–899) aus dem Adelsgeschlecht der Karolinger. Er war von 876 bis 887 Markgraf von Karantanien, von 887 bis 899 ostfränkischer König sowie von 894 bis 899 König von Italien und 896 bis 899 römischer Kaiser.
4 Wappenstein [Heuplatz/Wiener Gasse]   Wappenstein des St. Veiter Tores bzw. des ursprünglichen Karlstores (koloriert) von 1584, Kopie eines Originals aus Marmor. Im Besitz des Landesmuseums Kärnten.
5 Lapidarium [Amtsgebäude der Landesregierung, Mießtalerstraße]   Römerzeitliche Denkmäler aus der Sammlung des Landesmuseums Kärnten.

1 Wahrzeichen der Stadt [Neuer Platz]   Das begehrteste Fotomotiv auf dem „Neuen Platz" ist der Lindwurm, Wahrzeichen und Wappentier der Klagenfurter. Den geflügelten Drachen zeigt schon das älteste noch erhaltene Stadtsiegel aus dem Jahre 1287. Die Landstände gaben 1583 den Auftrag, dem sagenumwobenen Tier, das aus einem Rechtsschiefer-Block vom Kreuzbergl gehauen wurde, ein Denkmal zu setzen. Erst 1636 wurde ein Brunnen errichtet, mit einem kunsthistorisch wertvollen Gitter versehen und der sagenhafte Bezwinger, der Herkules (von Michael Hönel 1633-1636 gestaltet), hinzugefügt. Lange Zeit ging man davon aus, dass der Bildhauer Ulrich Vogelsang den monumentalen Lindwurm im Stil des Manierismus geschaffen habe. Der Lindwurm dürfte aber eher ein Werk eines unbekannten Künstlers sein. Im 17. Jahrhundert diente der Brunnen als Trink- und Löschwasserversorgung der Stadt. Schmiedeeiserne Blumen, in Wappen eingebunden, sind ins Gitter eingearbeitet.

2 Maria-Theresia-Denkmal [Neuer Platz]   Das ursprüngliche Denkmal schuf Balthasar Ferdinand Moll aus Hartblei und ersetzte ein Reiterstandbild des Kaisers Leopold. Das Denkmal wurde anlässlich des Besuches der Herrscherin Maria Theresia in Klagenfurt im Jahre 1765 aufgestellt und war eine der ersten Statuen der Kaiserin im großen Habsburgerreich. Das ursprüngliche Denkmal wurde 1870 durch eine Bronzeplastik von Franz Pönninger ersetzt. Rudolf Bayer schuf den Pilastersockel. Nach dem Bau der Tiefgarage im Jahre 1972 versetzte man das Denkmal von der West- an die Ostseite des Neuen Platzes.

1 Florianidenkmal [Heuplatz]   Das barock-klassizistische Florianidenkmal wurde 1781 aus Anlass der Rettung vor einem schweren von der Vorstadt ausgehenden Brand (1777) errichtet. Freiherr Josef von Pfeilheim war der Stifter. Die Figuren: der heilige Florian mit Engel (oben), die Heiligen Egyd und Sebastian (am Sockel mit schwarzem, rotem und weißem Marmor). Der Salzburger Architekt Georg Hagenauer entwarf das Monument.

2 Obelisik [Kardinalplatz]   1807 wurde die 20 Meter hohe Säule vom Südtiroler Bildhauer Johann Probst aus Salzburger Marmor (zur Erinnerung an den Preßburger Frieden zwischen Österreich und Napoleon) geschaffen. An den Seitenflächen befinden sich deutsche und lateinische Inschriften. Die Säule wurde vom Gurker Erzbischof Franz Xaver Altgraf von Salm-Reifferscheidt-Krautheim gestiftet. Kreuz und Friedenspalme zieren die Spitze.

3 **Steinerner Fischer** [Benediktinerplatz]   Die Statue aus dem Jahre 1606 ist eines der interessantesten rechtsgeschichtlichen Denkmäler in Europa. Dem Bildhauer Martin Paccobello wird das Werk aus Chloritschiefer vom nahen Kreuzbergl zugeschrieben.

4 **Dreifaltigkeitssäule, Pestvotivdenkmal** [Alter Platz]   Von den Landständen und Bürgern der Stadt wurde das Denkmal 1688 aus Dankbarkeit für die Verschonung von der Pest auf dem Heiligengeistplatz errichtet. Das Votivdenkmal wurde 1965 auf den heutigen Standort auf den Alten Platz versetzt. Über dem liegenden Halbmond steht das Caravaca-Kreuz (Caravaca ist ein spanischer Wallfahrtsort).

1 Gedenktafel [Nordseite des Priesterhauses]   Die 1769 erbaute Priesterhauskirche mit der Hauptfassade zur Bahnhofstraße wurde 1945 schwer beschädigt und 1960 abgetragen. Acht Jahre später wurde der an dieser Stelle neu entstandene Gebäudekomplex von Bischof Dr. Josef Köstner geweiht.

2 Mariensäule [Domplatz]   Zur Erinnerung an die Befreiung Wiens von den Türken. Steinfigur (1686), geschaffen von Bildhauer Johann Claus. Sie stand ursprünglich auf dem Neuen Platz, seit 1975 auf dem Domplatz.

3 Hemmastatue [Hof vor der Domkirche]   An der Nordseite der Domkirche, wo sich bis 1973 der Haupteingang befand, ist eine Statue der heiligen Hemma in einem kleinen Hof aufgestellt; geschaffen vom Kärntner Bildhauer Herbert Unterberger.

4 Inschrifttafel [Wiener Gasse, Ossiacher Hof]   Die Tafel erinnert an den Türkeneinfall im Jahre 1473, bei dem 90 Klagenfurter auf dem Feld zwischen Stadt und Glan erschlagen worden sein sollen.
5 Inschrifttafel [Ecke Alter Platz/Bahnhofstraße]   Geschichte zum Völkermarkter Tor, ca. 1240–1600.
6 Obelisk – Franz Xaver Freiherr von Wulfen [Europagymnasium, Völkermarkter Ring Nr. 27]   Der in Belgrad geborene Wulfen (1728–1805) war Jesuit, Botaniker und Mineraloge und vor allem bekannt als Entdecker der Kärntner Wulfenia und des Gelbbleierzes Wulfenit. Das Denkmal aus Pörtschacher Marmor wurde von Steinmetz und Bildhauer Domenico Venchiarutti ausgeführt. Wulfen war auch Mitglied vieler gelehrter Gesellschaften. Im Sommer des Jahres 1800 unternahm Fürstbischof Salm eine erfolgreiche Expedition zur Erstbesteigung des Großglockners, an der auch Wulfen teilnahm.

1 Enzenberg-Denkmal [Ursulinengasse]   Franz Joseph Reichsgraf von Enzenberg zum Freyen- und Jöchelsthurm (1747–1821), Präsident des Appellationsgerichtes in Klagenfurt, machte sich zum Anwalt der Bevölkerung, nachdem 1797 die Franzosen in Klagenfurt einmarschierten und der Landeshauptmann geflohen war. Die Büste ist ein Werk des Bildhauers Jakob Wald (1860–1903). 1894 erfolgte die feierliche Enthüllung.

2 Jessernig-Denkmal [Ecke Jessernigstraße/Lastenstraße]   Gabriel Ritter von Jessernig (1818–1887) entstammt einer Familie von Handelsleuten und Steinbierbrauern. Er war auch Bürgermeister der Stadt Klagenfurt. Er übte Funktionen als Landtagsabgeordneter, Landeshauptmannstellvertreter sowie als Reichsratsabgeordneter aus. 1875 wurde er in den Adelsstand erhoben. Josef Kassin schuf die Büste 1926.

3 Erzherzog Johann [Theatergasse/Stadtpfarrkirche]   Erzherzog Johann Baptist Josef Fabian Sebastian von Österreich (1782–1859) war der Bruder von Kaiser Franz I., Feldmarschall und deutscher Reichsverweser.

4 **Domenico dell'Allio** [10.-Oktober-Straße, Haus Nr. 23]   Domenico dell'Allio (um 1515–1563) war maßgeblich an der Planung der ausgeklügelten Befestigungs- und Stadtanlage von Klagenfurt beteiligt. Elisabeth Juan gestaltete die Büste, die im Dezember 2012 enthüllt wurde.
5 **Thomas Koschat** [Viktringer Ring]   Ein Denkmal und ein Museum sind dem berühmten Klagenfurter Liederfürsten Thomas Koschat (1845–1914) gewidmet. Der Komponist, Chorleiter und Hofopernmitglied hat mit seinen Quintetten das Kärntner Lied berühmt gemacht. Marmorbüste von Arnulf Pichler, enthüllt 1952.
6 **Ingeborg-Bachmann-Büste** [Norbert-Artner-Park]   Berühmte Schriftstellerin. Büste von Marco Tomasi.
7 **Gustav Mahler** [Norbert-Artner-Park]   Der Komponist Gustav Mahler (1860–1911) verbrachte viel Zeit in Klagenfurt-Maiernigg und schrieb einige seiner bedeutendsten Symphonien im Komponierhäuschen über dem Wörthersee. Die Büste wurde vom Klagenfurter Bildhauer und Restaurator Marco Tomasi geschaffen, 2010 enthüllt.

1 **Schiller-Denkmal** [Schillerpark]   Um 1900 wurde die Parkanlage angelegt. Die Büste des deutschen Dichters, Philosophen und Historikers Friedrich Schiller (1759–1805) ist ein Abguss von Marco Carlo Tomasi. Das Original, von Emil Thurner 1928 geschaffen, steht vor dem Europagymnasium am Völkermarkter Ring.
2 **Ernst Rauscher von Stainberg** [Rauscherpark]   Er studierte am Wiener Polytechnikum und an der Bergakademie in Leoben. Einen Namen machte sich Rauscher (1834–1919) als Schriftsteller (Lyriker, Dramatiker und Epiker) und auch Redakteur der „Carinthia". Er war Ehrenbürger von Klagenfurt.
3 **Franz-Schubert-Denkmal** [Schubertpark]   Der österreichische Komponist Franz Schubert (1797–1828) vertonte auch Kärntner Gedichte (publiziert in der „Carinthia"). Das Porträtmedaillon ist von Robert Pfeffer.
4 **Georg Bucher** [Achterjägerpark]   Das Denkmal für den Volksschauspieler Georg Bucher (1905–1972) wurde im Dezember 2005 enthüllt. Die „Jägerstunde" von Radio Kärnten ist noch vielen in guter Erinnerung.

5 **Josef Valentin Kassin** [Goethepark]   Der Bildhauer Josef Valentin Kassin (1856–1931) hat auch in Kärnten zahlreiche Werke geschaffen. Die Büste ist ein Werk von Marco Tomasi (2005).

6 **Wilfan-Denkmal** [Schubertpark]   Von 1919 bis 1927 war Franz Wilfan (1863–1937) Obmann des Verschönerungsvereins Klagenfurt (1919–1937). Das Denkmal wurde 1938 von Carl Langer errichtet.

7 **Kink-Denkmal** [Schweizerhaus, Kreuzbergl]   Eine Gedenkstätte unter der Terrasse des Schweizerhauses auf dem Kreuzbergl erinnert an den Oberbaurat Martin Ritter von Kink (1800–1877). Als sich 1850 der junge Kaiser Franz Joseph zu einem ersten offiziellen Besuch in Klagenfurt ansagte, wurden auf Vorschlag von Ritter von Kink auf dem Kreuzbergl die „Kaiser-Franz-Joseph-Anlagen" geschaffen. 1852 wurde das Schweizerhaus und später ein Aussichtsturm (heute Sternwarte) gebaut. Das Kink-Denkmal (Büste aus Carrara-Marmor) ist ein Werk von Josef Kassin aus dem Jahre 1899.

1 Gebirgsschützendenkmal [Hülgerthpark]   Statue eines Gebirgsschützen (stand ehemals im Maria-Theresien-Park), geschaffen von Josef Valentin Kassin im Jahre 1927, seit 1976 im Hülgerthpark.
2 Büste Ludwig Hülgerth [Hülgerthpark]   Ludwig Hülgerth (1875–1939), österreichischer Feldmarschallleutnant und Politiker. Zum Landesbefehlshaber von Kärnten ernannt, leitete er die militärischen Aktionen der Volkswehr im Kärntner Abwehrkampf. Im Ständestaat war Hülgerth von 1934 bis 1936 Landeshauptmann von Kärnten und war ab 1936 Vizekanzler in der Regierung Schuschnigg III sowie in der Regierung Schuschnigg IV vom 26. Februar bis 11. März 1938. Die Büste schuf Hans Beres 1935; eine weitere steht vor dem Militärkommando in der Mießtalerstraße.
3 Denkmal [Achterjägerpark]   An den Einsatz des „Kärntner Feldjägerbataillons Nr. 8" im Ersten Weltkrieg erinnert das aus Steinen aufgemauerte und mit zwei Bronzeplatten versehene Denkmal.

4 Denkmal [Maria-Theresia-Park, Lerchenfeldstraße/Herbertstraße/Deutenhofenstraße]   Zur Erinnerung an das k.u.k. Infanterieregiment Graf von Khevenhüller Nr. 7, 1691–1918. Geschaffen vom Künstler Walter Unterweger.

5 Denkmal [Park der Kärntner Freiwilligen Schützen]   Im Gedenken an die 6400 Kärntner Freiwilligen Schützen (1916–1918). Inschriftenstein mit Relief nach einem Entwurf von Max Domenig

6 Denkmal [Park der Kärntner Freiwilligen Schützen]   Im Gedenken an Leopold Freiherr von Aichelburg-Labia, Kommandant der Kärntner Freiwilligen Schützen und Landeshauptmann.

7 Denkmal [Domplatz]   Inschrift: „Zum Gedenken an die während und nach dem Zweiten Weltkrieg von Partisanen verschleppten und ermordeten Kinder, Frauen und Männer.

1 Gefallenendenkmal [Hauptmann-Hermann-Platz]   Der Obelisk wurde 1945 mit einer Platte aus Naturstein ergänzt. Inschrift: „Aus Dankbarkeit den Helden von Waidmannsdorf – 1914–1918 – Euer Leben als Beweis der Treue hingegeben – Mahne uns zur Pflicht treu." Ergänzungsplatte: „Ich hatte einen Kameraden – 1939 +1945 – Den Toten zur Ehr', den Lebenden Verpflichtung, der Nachwelt stets Mahnung." Dieses Denkmal wurde renoviert und neu gestaltet von: Landeshauptstadt Klagenfurt, Kärntner Kriegsopferverband, Kärntner Abwehrkämpferverband. Auch die Namen der Gefallenen des Ersten Weltkrieges (1914–1918) und des Kärntner Freiheitskampfes (1918–1920) sind vermerkt. Der Platz ist mit Natursteinen ausgelegt, Wasser sprudelt aus dem Boden.

2 Gedenktafel [Rosentaler Straße]   An jener Stelle, wo die Sattnitz (Glanfurt) die Rosentaler Straße unterfließt, ist am westlichen Brückengeländer eine Gedenktafel angebracht, die daran erinnert, dass hier zwischen 1919 und 1920 in der Flussmitte die Demarkationslinie verlaufen ist.

3 **Denkmal** [Brücke Rosentaler Straße/Sattnitz]   Das Denkmal auf der Wiese erinnert an den Kärntner Abwehrkampf 1918–1920 mit folgendem Text: „Nach der Besetzung Kärntens durch die Südslawen 1918 verlief hier an der Sattnitz von 1918 bis 1920 die Demarkationslinie. Kärnten sollte geteilt werden. Nur durch den Abwehrkampf und die Volksabstimmung am 10. Oktober 1920 wurde der Anschluss Südkärntens an Jugoslawien abgewehrt. Unser Land blieb frei und ungeteilt bei Österreich.

4 **Artilleriedenkmal** [Feldmarschall-Conrad-Platz]   Der Klagenfurter Bildhauer Heinz Gradnitzer hat das Denkmal mit dem mächtigen Löwen auf dem aufragenden Granitsockel geschaffen. Die Beschriftung lautet: „Den im Weltkriege und in den Kärntner Freiheitskämpfen 1914–1919 – 1939–1945 gefallenen Kameraden. Der Kärntner Artilleriebund".

1 **Stätte der Kärntner Einheit** [Landhaushof]   1998 wurde das Denkmal „Stätte der Kärntner Einheit" im Landhaushof errichtet. Die vier abgebrochenen Säulen stehen symbolisch für die Begriffe Freiheit, Begegnung, Einheit und Frieden im Zusammenhang mit dem Kärntner Abwehrkampf. Das jährliche Gedenken an die Volksabstimmung am 10. Oktober 1920 findet hier statt.

2 Stätte der Begegnung [Viktringer Ring/Karfreitstraße]   Das zweisprachig beschriftete Gebildeensemble, das vom Kärntner Architekten Günther Domenig (1934–2012) stammt, besteht aus zwei Stahlwinkeln, in welchen sich Kärnten in harmonischer Einheit spiegeln soll. Im Inneren der Winkel sind Wörter/Buchstaben in die Stahlplatten in slowenischer und deutscher Sprache eingefräst. Sie sollten symbolisch das verbindende Element der beiden Volksgruppen darstellen. Ein Bezug mit dem Hermagoras-Haus, vor dem das Denkmal steht, ist insofern gegeben, da ja der 1851 gegründete Hermagoras-Verein sich zum Ziel gesetzt hat, die Bevölkerung mit Büchern und Lesestoff auch in slowenischer Sprache zu versorgen.

1 „**Rohrkopf**" [Grünanlage Kelag-Gebäude/Arnulfplatz Nr. 22]   Die Edelstahlrohr-Skulptur wurde von der Kärntner Künstlerin Katarina Schmidl 2012 geschaffen. Das Bündel hat ein Gewicht von 900 Kilogramm.

2 **Skulptur „Figur X"** [Bahnhofstraße/Viktringer Ring]   Bruno Gironcoli schuf unverwechselbare, symbolhafte Skulpturen. Ein Beispiel dafür ist die „Figur X". Das drei Meter hohe Kunstwerk wurde vom Land Kärnten 1993 angekauft und bereits an mehreren Orten in Kärnten aufgestellt. So im Burghof in Klagenfurt, an der Autobahnraststätte in Techelsberg, danach an der Lippitzbachbrücke bei Ruden. 2013 bekam die Alu-Plastik ihren Platz direkt vor dem Landesregierungsgebäude. Gironcoli, 1936 in Villach geboren und 2010 in Wien gestorben, schloss eine Goldschmiedelehre ab und studierte zwischen 1957 und 1962 an der Hochschule für Angewandte Kunst in Wien. Während seiner Zeit in Paris wurde er von den Arbeiten Alberto Giacomettis stark beeinflusst. Er leitete auch lange Zeit die Bildhauerschule an der Wiener Akademie.

3 **Atlantis** [Arnulfplatz]   Herbert Boeckl (1894–1966) schuf die Bronzeplastik „Atlantis", die beim Haupteingang des Amtes der Kärntner Landesregierung am Arnulfplatz aufgestellt ist, in den Jahren 1940–1944. Boeckl gilt als einer der wichtigsten Vertreter des österreichischen Expressionismus. Der Künstler ist vor allem als Maler und Professor an der Wiener Akademie bekannt geworden. Die Figur kam als Geschenk der Stadt Wien zum 1000-Jahr-Jubiläum des Landes Kärnten 1976 nach Klagenfurt.

4 **Wilson-Denkmal/Selbstbestimmung** [Arnulfplatz]   Errichtet zum 80-Jahr-Jubiläum der Kärntner Volksabstimmung im Jahre 2000. Geschaffen wurde das Kunstwerk vom Osttiroler Bildhauer Jos Pirkner (geb. 1927) und befindet sich an der linken Seite des Einganges zum Amt der Kärntner Landesregierung am Arnulfplatz.

1 **Metallplastik** [Bahnhofstraße, Kelag-Verwaltungsgebäude]   Metallplastik vor dem Verwaltungsgebäude der Kelag von Consuelo Mels-Colloredo (1974).
2 **Europa/Stier** [Europaplatz, Wifi Kärnten]   Die drei Meter hohe Skulptur aus Edelstahl mit den Hauptstädten Europas als Leuchtpunkte war, ehe sie endgültig vor dem Wifi-Gebäude aufgestellt wurde, Teil der Ausstellung „Den Haag Skulptur 2002". Es ist ein Werk von Tomas Hoke.

3 Ingeborg-Bachmann-Denkmal [Ecke Koschatstraße/Ferdinand-Jergitsch-Straße]   Gegenüber dem Bachmann-Gymnasium auf der Südseite (Wietersdorfer-Peggauer-Gelände) steht das Denkmal und erinnert an die bedeutende deutschsprachige Lyrikerin und Prosaschriftstellerin des 20. Jahrhunderts, Ingeborg Bachmann (1926–1973). Die „Installation" besteht aus zwei über drei Tonnen schweren Metallplatten, jeweils sechs mal zwei Meter groß. Darauf steht aus Ingeborg Bachmanns Gedicht „Böhmen liegt am Meer" zu lesen: „Ich grenz noch an ein Wort und an ein andres Land . . ." Die „Installation" ist ein Werk von Klaus Hofer und wurde 2001 enthüllt, in dem Jahr, in dem Ingeborg Bachmann ihren 75. Geburtstag gehabt hätte.

1 Schauwand [Domkirche, Lidmanskygasse]   Die Fassadenmauer verläuft entlang der Lidmanskygasse. In der Mauer sind vier Nischen mit Sandsteinfiguren von Josef Veiter (1819–1902) eingelassen: der Landespatron von Kärnten – der heilige Josef, der Patron der Diözese – Johannes der Täufer sowie Petrus und Paulus.

2 Spanheimer-Haus [Ecke Sponheimerstraße/Villacher Straße]   Das Steinmosaik am Spanheimer-Haus zeigt Herzog Bernhard von Spanheim, den Stadtgründer, als geharnischten Ritter auf einem Pferd und stammt von Ernst Graef (1909–1985) aus dem Jahr 1957. Graef war ein deutsch-österreichischer Maler, Graphiker, Baukunsthandwerker und Entwurfzeichner für Textilien und Glasmalerei. Die Spanheimer waren von 1122 bis 1269 Herzöge von Kärnten.

3 Franzosenkugeln [Ecke St. Veiter Ring/St. Veiter Straße Nr. 16]   An der Hauswand sind Kugeln in die Wand eingelassen und mit dem Hinweis „Franzosen-Kugeln 1809" versehen.

4 Wandbild [Ecke St. Veiter Ring/St. Veiter Straße Nr. 16]   1985 schuf Lukas Arnold das Wandbild.

5 Betonplastik/Totem [Khevenhüllerstraße 27, vis-à-vis Schillerpark]   Im Mittelstück der von Heinz Goll geschaffenen Betonskulptur ist die Jahreszahl 1967 zu lesen. Über und unter dem Mittelstück sind geschichtliche „Schlagzeilen" zu lesen: „Pfundabwertung", „Studenten demonstrieren in Berlin", „Christen tauschen Bruderkuss", „Eine Krone für Schah Reza", „Eine Kugel für Che Guevara", „Erste Herztransplantation", „Adenauer stirbt". Neben der Goll-Signatur am Sockel findet sich die Jahreszahlen 67/68. An der Südfront des Hauses ist auch eine Gedenktafel für Dr. H. C. Franz Prinke, den Schöpfer und Begründer des Wohnhauswiederaufbaugesetzes und des Wohnungseigentums in Österreich, angebracht. Prinke war von 1945 bis 1969 Abgeordneter zum Nationalrat.

6 Alpe-Adria-Skulptur [Messegelände, Hochgarage]   Prof. Karl Brandstätter schuf die Skulptur (2007).

1 **Kunst am BAUwerk** [Bahnhofstraße Nr. 26]   Die gesamte Fläche der Nordfassade des Hauses ist mit einer temporären Installation versehen – mit einer digital bedruckten Plane bespannt. Die mehrfarbige Zeichnung, wobei die Rotdominanz im Kontrast zum Grün der Bäume stehen sollte, umfasst eine Fläche von etwa fünfzehn mal vier Metern. Armin Guerino hat 2009 diese mehrfarbige „Zeichnung" geschaffen.

2 **Anaste** [Kolpinggasse]   Die Stahl-Skulpturen-Gruppe hat der aus der Slowakei stammende Bildhauer Jan Milan Krkoška 1983 für die Caritas geschaffen.

3 **Erinnerungsstele** [Kolpinggasse Nr. 18]   Als Erinnerung an das einstige Kolpinghaus (1879–1991): „Zahllosen jungen Menschen aus allen Tälern unseres Landes ist es während der Zeit ihrer Berufsausbildung zum Vaterhaus in der Fremde geworden. Viele Klagenfurter schätzten es als einen Ort geselliger, musischer und menschenfreundlicher Begegnung." Errichtet im Jubiläumsjahr 2005.

4 **Amalienhof „Büroklammer"** [Hasnerstraße Nr. 26]   Das Motiv der Büroklammer ist eine 13 Meter hohe kinetische Skulptur aus gebogenen Edelstahlrohren. Die künstlerische Intervention stellt sich wie ein überdimensionales Mobile, das den Innenhof „bespielt", dar. Die Skulptur wurde von Tomas Hoke 2012 geschaffen.

5 **Stoßstangenskulptur** [Feschnigstraße/Grete-Bittner-Straße]   An mehreren Punkten in Klagenfurt sind solche Skulpturen aus Automaterial zu sehen. Aus den Resten von Autokarosserie-Teilen formte Rauchfangkehrermeister Prof. Harry Jeschofnig (1933–2017) auch Skulpturen von Schmetterlingen und anderes Blech-Getier. Seine Objekte sind in England, den USA sowie Europa aufgestellt.

6 **Skulptur Form-Zeit** [St. Ruprecht, Kinoplatz Nr. 3]   Die Steinskulptur, die vor dem 1926 erbauten Volkskino steht, wurde vom Bildhauer Herbert Unterberger 1993/1994 geschaffen und trägt den Titel „Form-Zeit".

1 „**Mutter mit Kind**" [Ankershofenstraße Nr. 3/Rosentaler Straße Nr. 54]   Modern gestaltete Statue von Heinz Glawischnig, um 1960/1961.
2 „**Couple**" [Jessernigstraße]   Bildhauer Michael Rachlé schuf die Skulptur im Jahre 2003.
3 **Skulptur** [Fischlsiedlung]   Am südöstlichen Rand befindet sich die Fischlsiedlung. Der Guts- und Fabriksbesitzer Siegmund Fischl war ein bedeutender Spiritus- und Hefeproduzent in der Monarchie. Ab 1891 besaß Fischl auch einen Fabrikstandort in Limmersach. Die Fabrik ging später in den Besitz der Firma Mautner-Markhof über. Limmersach lag zwischen Ebenthal und Klagenfurt und war mit einem Industriegleis mit dem Hauptbahnhof Klagenfurt verbunden. Siegmund Fischl starb im Alter von 57 Jahren. Zwischen den Hochhäusern auf der Wiese steht die abstrakte, figurative Skulptur. Gestaltet von Heinz Glawischnig, 1969–1970.

4 Embrace [Krankenhaus der Elisabethinen, Völkermarkter Straße Nr. 15-19]   Vor dem Haupteingang des Elisabethinen-Krankenhauses in Klagenfurt hat Tomas Hoke ein Lichtobjekt entwickelt, das ein Zeichen setzt: ein Zeichen anlässlich der zehnjährigen erfolgreichen Kooperation zwischen dem Elisabethinen-Krankenhaus Klagenfurt und dem Krankenhaus der Barmherzigen Brüder in St. Veit/Glan. Embrace ist eine sechs Meter hohe Lichtstele, die die Strahlkraft der beiden sichtbar macht und ein deutliches Zeichen für zeitgenössische Kunst im öffentlichen Raum setzt.

5 „Engel" [Bischöfliches Seelsorgeamt und Diözesanhaus, Tarviser Straße Nr. 30]   Der schwebende „Engel" besteht aus einer Serie von sieben Ringen aus Edelstahl und einer Kupferstange in der Mitte. Er schwebt in einer Höhe von sechs Metern über dem Boden. Geschaffen wurde die Skulptur 1994 vom Künstler Tomas Hoke.

1 Denkmal Maria Geistinger [Tarviser Straße 26]   Marie Charlotte Cäcilie Geistinger (1836–1903) genoss als Opernsängerin große Anerkennung. Mit elf Jahren debütierte sie 1844 in Graz. In unterschiedlichen Operetten war sie zu hören. Ein Augenleiden zwang sie zum Bühnenrückzug. In dieser Zeit lebte sie in einer Villa bei Schloss Rastenfeld. Nach dem Verkauf des Anwesens zog sie sich in eine am Lendkanal gelegene Villa zurück.

2 Denkmal Gustav Adolf Ritter von Metnitz [Metnitzstrand, Wörthersee-Ostufer]   Die Bezeichnung Metnitz-Strand erinnert daran, dass unter der Führung des damaligen Bürgermeisters Gustav von Metnitz (1862–1915) das Wörthersee-Grundstück angekauft wurde. In seiner Amtszeit entstanden zahlreiche Wohlfahrtseinrichtungen.

3 Denkmal Johann Ritter von Friedl [Friedl-Strand, Wörthersee]   Friedl (1816–1898) war ein österreichischer Generalmajor und engagierte sich sehr stark für Klagenfurt; 1858 wurde er zum Ehrenbürger ernannt.

4 **Skulptur „25 Jahre Europapark"** [Europapark]   Anlässlich des 25-Jahr-Jubiläums (1965–1990) wurde die Marmor-Skulptur errichtet. „Gewidmet dem Gründer des Parkes, Bürgermeister Hans Ausserwinkler, 1919–1989."

5 **Gedenkstein „Hain der Volksdeutschen Landsmannschaft"** [Europapark]   Donauschwaben, Sudetendeutsche, Untersteirer und Mießtaler, Gottscher, Siebenbürger-Sachsen und Kanaltaler danken ihrer neuen Heimat. Die Bäume wurden 1977 gesetzt und der Stein 1982 errichtet.

6 **Skulptur „Verändern"** [Europapark]   Helmut Machhammer schuf 1995 die Skulptur aus Krastaler Marmor (Bildhauersymposion Krastal).

2 Jüdischer Friedhof für Kärnten [St. Ruprecht]   Das Grundstück wurde bereits 1895 vom jüdischen Bestattungsverein „Chewra Kadischa" („Heilige Bruderschaft") gekauft. Auf dem 1500 Quadratmeter großen Areal sind noch 94 Grabsteine erhalten. Jüdische Soldaten, die im Ersten Weltkrieg in Lazaretten verstorben sind, fanden hier ihre letzte Ruhestätte. Im Zweiten Weltkrieg wurde der Friedhof durch Bomben schwer beschädigt und 1984 durch die Stadt restauriert. Das Eingangstor ist eine Arbeit vom Kunstschmied Markus Pirker. Der Friedhof steht unter Denkmalschutz.

GEDÄCHTNIS-STÄTTEN – ERINNERUNG

Der Jüdische Friedhof und der Commonwealth-Kriegsfriedhof sind Gedenkplätze, welche der Erinnerung an die einstige jüdische Gemeinde der Stadt Klagenfurt sowie an die Angehörigen der britischen Streitkräfte dienen. Es sind Stätten, die einerseits vom Kriegsgeschehen in Europa zeugen, andererseits aber auch zwischen Geschichte und Gedächtnis eine Brücke schlagen.

2 Commonwealth-Kriegsfriedhof [Waidmannsdorf/Lilienthalstraße]   Kriegstote des Zweiten Weltkrieges aus den Commonwealth-Staaten sowie aus der unmittelbaren Nachkriegszeit beherbergt der einzige britische Soldatenfriedhof in Österreich. Die Begräbnisstätte wurde 1945 von den Briten errichtet. Im Eingangsbereich befindet sich ein Namensregister mit allen hier Begrabenen.

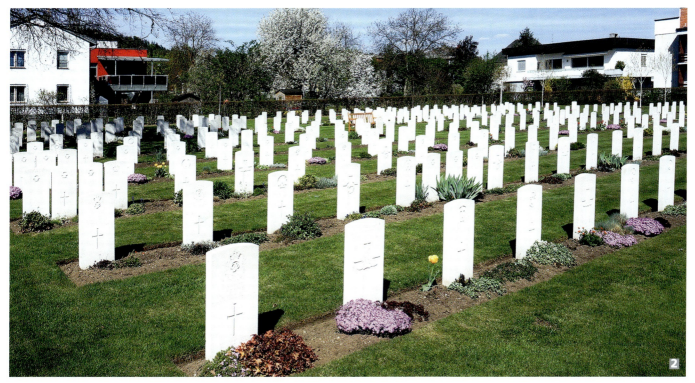

1 Friedhof St. Martin [St. Martin]   Der Friedhof rund um die Pfarrkirche St. Martin im Westen von Klagenfurt ist klein. 1929 wurde er nach Waidmannsdorf in die Luegerstraße verlegt. Die Kirche selbst wurde im 14. Jahrhundert erstmals urkundlich erwähnt, dürfte aber aus einer viel früheren Zeit stammen. Bei den Gräbern wird auf Prunk- und Protzbauten im Wesentlichen verzichtet.

2 Friedhof St. Ruprecht [St. Ruprechter Straße/Kirchengasse Nr. 29]   Der Friedhof von St. Ruprecht ist der älteste Friedhof von Klagenfurt (seit 1788). Ein Stück Stadtgeschichte öffnet sich hier den Besuchern. Alteingesessene Familien aus Bürgertum und Adel, die sich vielfach Verdienste um die Stadt erworben haben, bestatteten hier seit Generationen ihre Toten.

FRIEDHÖFE ALS SPIEGEL-BILDER DER GESELLSCHAFT

Friedhöfe sind Orte des Gedenkens, der Einkehr und der Trauer. Vor allem sind sie letzte Ruhestätten von Tausenden Verstorbenen und damit auch Spiegelbilder unterschiedlicher Gesellschaftsschichten. Viele davon haben auch die Geschichte der Stadt mitgeprägt. – In Klagenfurt gibt es Friedhöfe in städtischer wie auch in kirchlicher Verwaltung.

3 Zentralfriedhof Annabichl [Flughafenstraße Nr. 7]   Der Zentralfriedhof wurde 1901 eröffnet, wegen diverser Differenzen allerdings erst 1906 eingeweiht. Der damalige Gurker Fürstbischof Dr. Josef Kahn weigerte sich vorerst, die interkonfessionelle Begräbnisstätte zu weihen. 1944 wurde der Friedhof durch Bombenabwürfe beschädigt. Nach Beseitigung der Schäden entstand ein neues Gebäude. 1963 wurde auch eine Aufbahrungshalle errichtet. Die Glaswand in der Zeremonienhalle ist ein Werk von Giselbert Hoke, das großflächig gestaltete Fresko stammt von Valentin Oman (beide Werke 1965). Zahlreiche Ehrengräber verdienter Kärntner Persönlichkeiten befinden sich hier.

1 Gedenkstätte [Platzgasse Nr. 3]   An die Zerstörung des jüdischen Bethauses und die Opfer der Nazis erinnert die 2015 errichtete Gedenkstätte. Zuvor stand hier seit 1988 ein Gedenkstein. Das Bethaus befand sich von 1903 bis 1938 in einem Gebäude in der Platzgasse, bis es bei den Novemberpogromen geschändet wurde. Bei den Bombenangriffen im Zweiten Weltkrieg wurde das Haus zerstört. Die Gedenkstätte ist ein öffentlicher Hinweis auf das seinerzeitige Bestehen einer jüdischen Gemeinde in Klagenfurt.

EHRLICHER UMGANG MIT DER GESCHICHTE

Weltoffenheit und eine friedensorientierte Memorialkultur sowie der ehrliche Umgang mit der Vergangenheit basieren auf der festen Überzeugung, dass nur mit einer verantwortungsvollen Haltung eine gemeinsame Zukunft positiv gestaltet werden kann. Ausgrenzung, Vorwurfshaltung und Diskriminierung sind keineswegs zielführend.

2 Gedenkstein [Landesgericht Klagenfurt, Josef-Wolfgang-Dobernig-Straße Nr. 2]   „Im Gedenken an jene Frauen und Männer, die in Kärnten Widerstand gegen den Nationalsozialismus leisteten und in diesem Hause von der NS-Unrechtsjustiz zum Tode verurteilt wurden." „V spomin na žene in može, ki so se na Koroškem uprli nacionalnem socializmu in bili v tej hiši krivicno obsojeni na smrt."

3 Mahnmal [Bahnhof Ebenthal]   „DENK MAL : DEPORTATIONEN! Gedenken an die Deportation der Kärntner Slowenen im Zweiten Weltkrieg: Am 14. und 15. April 1942 vertrieben die NS-Behörden über 220 Kärntner slowenische Familien aus ihren Häusern in Südkärnten. Das Sammellager Ebenthal in Klagenfurt war die erste Station ihrer Odyssee durch verschiedene NS-Lager im ‚Altreich'. Viele von ihnen kehrten nicht mehr zurück." 2012 wurde das von Valentin Oman (geb. 1935) geschaffene Denkmal enthüllt.

1 Euthanasie-Mahnmal [Park des Zentrums für seelische Gesundheit, St. Veiter Straße Nr. 47]   Eine stilisierte Figur aus Krastaler Marmor („Die Trauernde") schuf 1988 der Kärntner Bildhauer Max Gangl (geb. 1946) aufgrund einer Initative der Ärzteschaft des Krankenhauses. Das Kapitel rund um die Geschehnisse in der Psychiatrie in den Jahren 1940 bis 1945 sollten damit aufgearbeitet werden.

2 Stolpersteine [Klagenfurt]   Pflastersteine mit Messingplatten, die mit Namen, Daten und Schicksal in die Gehsteige eingelassen sind, erinnern an die Opfer des Nazi-Regimes. Es ist eine Erinnerung an die Mitbürgerinnen und Mitbürger, die einst in den Häusern gelebt hatten, ehe sie vertrieben und gequält wurden sowie in Vernichtungslagern zu Tode kamen. Mit dem Projekt „Stolpersteine" wurde in zahlreichen Orten Europas ein Kunst-Erinnerungswerk geschaffen.

3 **„Alte Burg"** [Burggasse, Arkadenhof]   Denkmal-Text: „In diesem Gebäude war in den Jahren 1938–1945 der Sitz der Geheimen Staatspolizei. Hier wurden Menschen aufgrund ihrer Weltanschauung, ihrer ethnischen Zugehörigkeit oder ihres Widerstands gegen die NS-Gewaltherrschaft gefoltert. Das Unrecht, das sie erlitten haben, sei uns Mahnung und Auftrag im gemeinsamen Ringen um Freiheit, Demokratie und Menschenrechte. V tej stavbi je bil v lethi 1938–1945 sedež gestapo, kjer so mučili ljudi zaradi njihovega svetovnega nazora, narodne pripadnosti ali ker so se uprli nacističnemu nasilju. Krivica, ki so jo doživeli, naj nam bo opomin in poslanstvo pri skupnem prizadevanju za svobodo, demokracijo in človekove pravice."

4 **Denkmal 1938** [am Gelände der Universität Klagenfurt]   1988 wurde das vom Künstler Rudolf Peyker gestaltete Denkmal enthüllt. Es stellt ein in Bronze gegossenes Paar dar, das von einem Marmorblock erdrückt wird – anlässlich des 50-Jahr-Gedenkens an den Anschluss Österreichs an Nazi-Deutschland.

1 Landesgedächtnisstätte [Kreuzbergl]   Die von Heimkehrern und Angehörigen von Kriegsopfern errichtete Landesgedächtnisstätte am Kreuzbergl wurde 1959 eingeweiht. Sie ist allen Opfer der Gewalt – am Schlachtfeld, in Lagern, im Bombenhagel, Gefangenschaft usw. – gewidmet. Einmal jährlich findet im Oktober eine Gedenkfeier statt. Die Kreuzwegstationen wurden vom akademischen Maler Karl Bauer gestaltet. In der Gedächtniskapelle liegen die Ehrenbücher mit den in den Kriegen umgekommen Kärntnern auf.

1 Landesgedächtnisstätte Soldatenfriedhof Klagenfurt-Annabichl [Friedhof Annabichl]   Lange Zeit gab es an jener Stelle, wo heute das 1987 errichtete Ehrenmal steht, nur drei Kreuze. Die sollten den hier ruhenden 2739 Gefallenen aus dem Ersten Weltkrieg, dem Abwehrkampf und dem Zweiten Weltkrieg gedenken. Es sind auch Opfer der gegnerischen Kriegspartei wie z. B. Serben, Sowjetsoldaten und Engländer bestattet. Die zehn kreisförmig angeordneten Säulen, die eine Holzleimbinder-Dachkonstruktion tragen, symbolisieren die zehn Kärntner Bezirke. Weit über das Dach hinaus ragt das Kreuz. Im Zentrum sind Tafeln mit den Namen der Kriegstoten zu finden. Die Gedächtnisstätte stellt ein mahnendes Zeichen für den Frieden dar.

2 Mahnmal [Friedhof Annabichl] Beim „Mahnmal der Opfer für ein freies Österreich – spomeniku za žrtve za svobodno Avstrijo" wird traditionell am Nationalfeiertag all jener Mitbürger gedacht, die von den Nationalsozialisten ermordet wurden. Die Gedenkfeier am 26. Oktober wird vom Mahnmalkomitee organisiert. Die Totengedenkstätte (Kenotaph) befindet sich in der Hauptallee des Friedhofs. Die Inschrift: „Den Opfern für ein freies Österreich 1938–1945". Künstler Valentin Oman schuf die Bronzereliefs. Eine Glaskonstruktion mit 1000 Namen wurde 2003 neben dem Denkmal angebracht. Es ist eine symbolische Beerdigungsstätte für alle Opfer der Nationalsozialisten und wurde Mitte der 1960er-Jahre errichtet.

1 Bischöfliches Palais [Mariannengasse Nr. 2] Die Residenz des Gurker Bischofs betritt man durch ein schmiedeeisernes Gittertor, das mit dem Wappen des Fürstbischofs und Kardinals Franz II. Altgraf von Salm-Reifferscheidt-Krautheim versehen ist. Der Ehrenhof ist hufeisenförmig angelegt. Über ein Vestibül gelangt man vom Erdgeschoss in die bischöflichen Amtsräume, eine einläufige Treppe führt ins Obergeschoss. Im Mittel- und Osttrakt befinden sich die Repräsentationsräume. Bemerkenswert ist hier das vertäfelte Eckzimmer mit 13 eingelassenen Ölgemälden von Mitgliedern der Familie des Kardinals Salm (1749–1822). Südseitig im Mitteltrakt liegt die Hauskapelle, die der Mater Dolorosa geweiht ist. Darin befindet sich eine Kopie der Gurker Pietà von Raffael Donner sowie eine Konsolstatuette der heiligen Hemma von Gurk. Erzherzogin Maria Anna war die einzige Habsburgerin, die dauerhaft in Klagenfurt residierte.

PALAIS DER ERZHERZOGIN MARIA ANNA

Das heutige bischöfliche Palais wurde nach Plänen des Wiener Hofarchitekten Nikolaus Pacassi in den Jahren ab 1769 als Residenz der Erzherzogin Maria Anna (auch Marianne), Tochter von Maria Theresia und Schwester von Kaiser Joseph II., erbaut. Von 1781 bis zu ihrem Tode 1789 lebte sie hier. Seit 1791 dient das Palais als Residenz der Bischöfe von Gurk.

1 Domkirche [Domplatz]   Die heutige Dom- und Stadtpfarrkirche wurde 1578 von den protestantischen Landständen als repräsentatives Bethaus in Auftrag gegeben. Sie ist die älteste neuzeitliche Wandpfeilerkirche Österreichs. Das Gotteshaus wurde 1600 im Zuge der Gegenreformation geschlossen, vier Jahre später an die neu angesiedelten Jesuiten übergeben und im Stil des Barock umgebaut und vergrößert. 1723 richtete ein Brand großen Schaden an, bei dem Altäre, Wände und das Dach zerstört wurden. 1725 erhielten Kilian Pittner und sein Sohn Max den Auftrag, die Gewölbe mit Stuck (Blätterranken, Bänder und kleine Engel) zu versehen. 1784 wird die Domkirche zur Pfarrkirche sowie 1787 zur Kathedrale des Bistums erhoben. Ursprünglich war die Kirche vom Bürgerspital ummauert. Das einstige Spital stockten die Jesuiten auf und richteten eine Schule ein; später Umfunktionierung zur Kaserne. Im Zweiten Weltkrieg schwer beschädigt, wurde die „Jesuitenkaserne" 1960 abgetragen. Seit 1977 hat die Domkirche eine freistehende Westseite und den Haupteingang unter dem Turm.

KIRCHTÜRME BILDEN DIE STADTSILHOUETTE

Türme prägen auch die Silhouette der Stadt und Spiegeln den Glauben der Bewohner wider. Sie sind auch über Konfessionen hinweg ein Zeichen der gemeinsamen Verwurzelung. Ein Blick vom Turm der Stadtpfarrkirche am Pfarrplatz verschafft eine Weitsicht: über die wunderbare Altstadt, bis zum Wörthersee und die Karawanken.

2 Deckenfresko [Domkirche]   Das Deckenfresko des Hauptschiffes stellt die Himmelfahrt Christi und seiner Mutter Maria dar. Bei der Innenrenovierung 1990 bis 1991 wurde auf die ursprüngliche Farbgebung aus dem 18. Jahrhundert Rücksicht genommen. Die Mathis-Orgel begleitet seit 1986 nicht nur die liturgischen Feierlichkeiten, sondern kommt auch bei unterschiedlichen Konzerten zum Einsatz.

3 Sandsteinfiguren [Domkirche]   Der Venezianer Francesco Robba schuf die vier Schutzpatrone gegen die Pest: die Heiligen Rochus, Sebastian, Ursula und Johannes Nepomuk. Sie standen ursprünglich am Alten Platz.

4 Hochaltar [Domkirche]   Ein mächtiger Säulenpilasteraufbau aus Holz mit dem Tabernakel hat einen sehr dominanten Anteil der Kirche. Daniel Gran hat das Altarblatt 1752 geschaffen. Es stellt den Abschied der Apostelfürsten Petrus und Paulus vor ihrem Martyrium in Rom dar. Reliefdarstellungen der vier Evangelisten zieren den Tabernakel.

1 Stadtpfarrkirche St. Egid [Pfarrplatz] 1255 wird an dieser Stelle bereits eine Marienkirche erwähnt. Urkundlich wird erstmals 1347 ein Gotteshaus „sand Gilgen" (St. Egid) in Klagenfurt genannt. 1563 findet hier der erste evangelische Gottesdienst statt. 1600 beginnt die Rekatholisierung. 1652 erfolgt die Grundsteinlegung für den heutigen über 90 Meter hohen Turm, der 1709 fertiggestellt wird. In 50 Metern Höhe (225 Stufen) befindet sich eine Aussichtsplattform. An den Außenwänden sind Grabsteine eingemauert. Im Inneren sind der 16 Meter hohe Hochaltar und die acht Seitenkapellen zu bewundern. In einer davon befindet sich das Grabmal des französischen Romanciers Julien Green (1900–1998). Josef Ferdinand Fromiller und Joseph Mölkh gestalteten die Fresken. 1989 beginnt der Wiener Maler Ernst Fuchs (1930–2015) mit der Ausgestaltung der Südsakristei als Kapelle mit der Darstellung der Apokalypse auf rund 160 Quadratmetern.

2 Kreuzberglkirche/Kalvarienbergkirche [Kreuzbergl/Volkmannweg]   Auf einem Hangplateau wurde der barocke Bau errichtet. 1742 wurde das Gotteshaus geweiht. Im Innenraum sind Werke von Josef Ferdinand Fromiller zu sehen. Christoph Anton von Leyersperg ließ hier ein großes Kreuz aufstellen. Seither heißt der Höhenzug Kreuzbergl (zuvor Steinbruchkogel, weil hier im 16. und 17. Jahrhundert Chloritschiefer gebrochen wurde). Die Kirche mit den beiden zwiebelhelmbekrönten Türmen wendet sich der Stadt zu und geht eine harmonische optische Verbindung mit der in der Mitte des 19. Jahrhunderts angelegten Radetzkystraße und dem Turm der Stadtpfarrkirche ein. Die Kreuzwegstationen auf dem zur Radetzkystraße abfallenden Hang entstanden nach dem Kirchenbau. Die Mosaikdarstellungen stammen von Professor Karl Bauer. Auf der Rückseite der Kreuzberglkirche befindet sich die lebensgroße Kreuzigungsgruppe samt Umfassungsmauer.

1 Schlosskapelle Maria Loretto [Ostufer des Wörthersees]   Die Marienkapelle steht am Rande der Schlossterrasse am Lendkanal. Hier ließ der kaiserliche Rat und Burggraf zu Klagenfurt, Johann Andreas Graf Orsini-Rosenberg, im Jahre 1652 ein Schloss mit Ziergärten und Freitreppen zum See erbauen. Ein verheerender Brand soll die Anlage vernichtet haben. 1708 wurde das Schloss erneuert. Die Schwarze Madonna von Maria Loretto wurde zum Ziel lokaler Wallfahrten. Das Wappen der Familie Orsini-Rosenberg ist am Altarsockel zu sehen. Schloss wie auch Kapelle wurden im 17. Jahrhundert erbaut. Das Schloss befand sich bis zum Erwerb im Jahre 2002 durch die Stadt Klagenfurt im Besitz der Familie Orsini-Rosenberg.

2 Johanneskirche [Martin-Luther-Platz Nr. 1]

Das Gedankengut breitete sich in der Reformationszeit in Kärnten aus. Auch die Stadt Klagenfurt war stark evangelisch geprägt. Mit der Gegenreformation wurde die Entwicklung gestoppt und erst 1781 durch das von Kaiser Joseph II. erlassene Toleranzpatent eine zunächst eingeschränkte Ausübung des evangelischen Glaubens möglich. 1863 wurde mit dem Bau der Christuskirche begonnen. Errichtet im neugotischen Stil, wurde die Johanneskirche am 30. September 1866 eingeweiht. Bei Luftangriffen 1944/1945 wurde sie schwer beschädigt. 1987/1988 erfolgte die Restaurierung der Architekturmalerei. Die Orgel wurde 1989 installiert. Sehenswert ist das Altarbild, wobei es eine Zusammenarbeit der Künstler Valentin Oman und Daniel Moser mit der Glas-Werkstatt „sanktmauritius" gab. Es soll das Kreuz und den auferstandenen Christus darstellen.

1 Lendhafen [Hafen/Anlegestelle]   Der Lendhafen bildet den Abschluss des Lendkanals und ist der Innenstadt sehr nahe. Ursprünglich reichte der Kanal bis an den Stadtgraben. Nachdem die Franzosen Anfang des 19. Jahrhunderts die Befestigungsmauern sprengten, wurde der Graben trockengelegt und seither endet der Kanal im heutigen Lendhafen. Einst war dieser Ort ein wichtiger Umschlag- und Handelsplatz für unterschiedlichste Waren, die hier feilgeboten wurden. Die Stege und die Umfassungsmauern sind aus Pörtschacher Marmor. Das mittelhochdeutsche Wort „Lente" lässt sich mit Hafen übersetzen.

LENDKANAL VERBINDET STADT UND SEE

Um dem Stadtgraben Wasser zuzuführen und einen Transportweg für Bau- und Heizmaterial sowie Handelswaren zu schaffen, wurde im 16. Jahrhundert der rund vier Kilometer lange Lendkanal angelegt. Gegen Ende des 19. Jahrhunderts verlor die Wasserstraße jedoch ihre Bedeutung. Die touristische Nutzung blieb allerdings noch eine Zeit bestehen.

2 Elisabethbrücke [Lendhafen]   Vom Lendhafen bis zu Maria Loretto (am Ostufer des Wörthersees) gibt es zehn Möglichkeiten, den Lendkanal zu überqueren: Elisabethsteg, Jergitschsteg, Rizzisteg, Autobahn-Eisenbahn-Brücke, Steinerne Brücke, Heinzelsteg, Paternioner Brücke, Loreleisteg, Wörthersee-Südufer-Straße und Lorettosteg. Die Elisabethbrücke ist ein beliebtes Fotomotiv und wurde 1856 von Domenico Venchiarutti errichtet und nach der damaligen Kaiserin benannt. Bei der Einweihung war auch die Gemahlin von Kaiser Franz Joseph, Elisabeth („Sisi"), anwesend. 2017 erfolgte eine umfassende Sanierung.

1 Lendkanal [Stadt Klagenfurt-Wörthersee]   Die künstlich angelegte Wasserstraße ist etwa vier Kilometer lang und führt vom nahen Zentrum von Klagenfurt bis zum Wörthersee. Um dem Stadtgraben um die Stadtmauer Wasser zuzuführen und gleichzeitig eine Verbindung zwischen Stadt und Wörthersee herzustellen, die geeignet war, Fische, Holz und andere Handelswaren in die Stadt zu bringen, wurde 1527 mit dem Bau begonnen. Ursprünglich reichte der Kanal bis an den Stadtgraben. Als später im 19. Jahrhundert die Güter mit der Bahn und auf der Straße transportiert wurden, hatte der Lendkanal noch einige Zeit als Fremdenverkehrsattraktion Bedeutung. Seine endgültige Funktion verlor er, nachdem 1911 zwischen See und Stadt eine elektrische Bahn ihren Betrieb aufnahm.

2 Jergitschsteg [Lendkanal]   Der Steg ist einer der neuesten Fußgänger- und Radfahrübergänge über den Lendkanal. Die Brücke ist nach Ferdinand Jergitsch (Begründer der Freiwilligen Feuerwehr) benannt.
3 Rizzisteg [Lendkanal]   Die Brücke ist nach dem Dichter und Journalisten Vinzenz Rizzi benannt und wurde 1902 im Jugendstil erbaut. Sie ist eine der schönsten Brücken über den Lendkanal.
4 Steinerne Brücke [Lendkanal]   1535 wurde die Steinerne Brücke errichtet. Sie ist die älteste über den Lendkanal. Einst war sie die einzige Verbindung mit den Ortschaften und den heutigen Stadtteilen Waidmannsdorf und St. Martin. 1966 wurde sie verkehrsbedingt auf 13,5 Meter verbreitert.
5 Maria Loretto [Lendkanal]   Beim Schloss Maria Loretto befindet sich die „Anschlussstelle" des Lendkanals zum Wörthersee.

1 Europapark [Klagenfurt/Wörthersee]   Der Europapark erstreckt sich auf einer Fläche von rund 22 Hektar und ist damit einer der größten Parks Österreichs. Er befindet sich in unmittelbarer Nähe zum Wörthersee. Dieses wunderbare Naherholungsgebiet bietet Platz für die Freizeitgestaltung. Die Besucher können sich an herrlichen Blumenarrangements und Skulpturen, an einem Teich, an Spielplätzen und sogar an einer großen Freiluft-Schach-Anlage erfreuen. Die Parkanlage reicht direkt bis an das Ufer des Wörthersees. Im kleinen Teich tummeln sich Fische und Enten. Im Sommer kann man in unmittelbarer Nähe des Springbrunnens, wo es besonders kühl ist, ein Getränk genießen. Als wahre Magneten für die Jugend fungieren der Outdoor-Skaterpark und der Beachte-Volleyball-Platz.

EUROPAPARK – SYMBOL FÜR DIE WELTOFFENHEIT

1965 wurde der Europapark – einer der größten Parkanlagen Österreichs – eröffnet. Er liegt in unmittelbarer Nähe zum Wörthersee und wird bevorzugt als Erholungsgebiet genutzt. Kostenlose Freizeiteinrichtungen wie ein Kinderspielplatz oder ein Beach-Volleyball-Platz und viel Grün stehen hier zur Verfügung.

1 Lendspitz/Maiernigg [Wörthersee-Ostbucht]   Natur in ursprünglichster Form erleben. Das Landschaftsschutzgebiet Lendspitz-Maiernigg und Siebenhügel ist hier beispielgebend. Die Sage vom Klagenfurter Lindwurm dürfte einen Bezug zu diesem Sumpfgebiet haben, das sich im Mittelalter südlich und westlich von Klagenfurt erstreckte. Trockenlegungen oder Entwässerung von Teilen dieser einst ausgedehnten Moorlandschaft führten dazu, dass z. B. das sogenannte Waidmannsdorfer Moor vollständig vernichtet wurde. Typische Pflanzengesellschaften wie Röhrichte, Seggenrieder, Buchenwälder und weitere feuchtigkeitsliebende Biotop-Arten dominieren die Landschaft. Vom See aus bietet sich dem Betrachter ein wunderbarer Blick auf den Uferbereich des „Natura 2000"-Gebietes.

EUROPASCHUTZGEBIET LENDSPITZMAIERNIGG

Die Sicherung einer reichhaltigen Natur- und Kulturlandschaft ist das vorrangige Ziel der Natura 2000. Seit 2005 ist die Wörthersee-Ostbuch mit dem Bereich Lendspitz-Maiernigg und Siebenhügel offizielles „Natura 2000"-Gebiet. Der Bereich soll in seiner Beschaffenheit erhalten und die Tiere und ihre Lebensräume geschützt bleiben.

1 Sonniger Genuss bei Maria Loretto [Wörthersee]   Der Frühling kündigt sich an. Eine gute Gelegenheit am See zusammenzusitzen und Sonne zu tanken.
2 Strandbad [Wörthersee]   Die Wiesen sind schon grün und die Badehäuschen bezugsfertig. Es gibt viele Klagenfurter, die den ganzen Sommer tagsüber hier „wohnen". Das Motto heißt: Entspannen auf einer gepflegten Liegewiese unter Schatten spendenden Bäumen direkt vor dem „eigenen" Badehäuschen.
3 Endlich Sommer [Wörthersee]   Herrliches Badewetter im Juli und August.

WÖRTHERSEE FASZINIERT TAG FÜR TAG

Der Wörthersee mit einer Wasserfläche von 19,4 Quadratkilometern hat eine ausgezeichnete Wasserqualität. Die unglaublich vielen Farben des Wassers mit den herrlichen Bademöglichkeiten und den reizvollen Seehäusern sowie Villen machen diesen See so einzigartig. Wenn die Badesaison vorbei ist, dann ist noch genügend Zeit, den See vom Schiff oder vom Ufer aus zu genießen.

4 Abendstimmung [Wörthersee]   Ein wunderschöner Tag geht zu Ende. Die untergehende Sonne schickt noch ihre letzten Strahlen, dann taucht der See in die Dunkelheit.
5 Segelboote [Wörthersee, Maria Loretto]   Der Segelsport hat in Kärnten eine relativ lange Tradition. Unter den Bootseignern am Wörthersee sind aber mittlerweile die Klagenfurter in der Minderheit.
6 Sommer, Sonne, See [Wörthersee, Metnitzstrand]   Sattes Grün, ein Meer von Blumen und der herrlich blaue See – da erübrigt sich jeglicher Kommentar.
7 „Tramway-Haltestelle" [Wörthersee, an der Lend]   Die Tramwaystation ist während der Sommermonate die Haltestelle, wo es sich hungrige und durstige „Fahrgäste" im Gastgarten gemütlich machen können.

1 Der Wörthersee [Luftaufnahme]   Glasklares Wasser inmitten einer herrlichen Landschaft: Der Wörthersee erstreckt sich in Ost-West-Richtung über 16,5 Kilometer und liegt in einer Senke in der Hügellandschaft des Klagenfurter Beckens. Vom Aussichtsturm des Pyramidenkogels in der Gemeinde Keutschach bietet sich ein unvergesslicher Blick über den ganzen See – von Klagenfurt bis Velden. Der historische Kern der Stadt Klagenfurt ist etwa vier Kilometer vom See entfernt. Im Sommer erreicht der See Temperaturen bis über 25 Grad. Die Abkühlung erfolgt erst im Laufe des Monats September. Mit einer Eisschicht ist erst im Jänner zu rechnen eine geschlossene Eisdecke ist nur in extrem kalten Wintern möglich. *Foto: Franz Habich, www.carinthian-robotics.at*

2 **Strandbad Klagenfurt** [Wörthersee]   Den Sommer im Strandbad in vollen Zügen genießen! Das Bad am Ostufer des Wörthersees wurde 1924 eröffnet. Im Laufe der Jahre erfolgte eine sukzessive Erweiterung. Der See weist eine maximale Breite von 1,7 Kilometern auf. Eine weitläufige Liegewiese mit unterschiedlichen Freizeitmöglichkeiten in der parkähnlichen Anlage bietet auch kühle Liegeflächen unter den Schatten spendenden Bäumen. Die Badebrücken reichen weit in den See. Eine besondere Attraktion ist die Wasserrutsche mit einer Länge von 133 Metern. Für das leibliche Wohl sorgen die Gastronomiebetriebe.

1 Schloss Harbach [am östlichen Stadtrand von Klagenfurt]   Ursprünglich ein mittelalterlicher Edelmannsitz (urkundliche Erwähnung 1213), danach Ausbau und Erweiterungen zum Schloss. Ab dem Ende des 19. Jahrhunderts nutzte der Frauenorden vom Guten Hirten das Gebäude als Kloster. Die Schwestern führten hier das Mädchenheim Harbach wie auch eine Schule bis 2002. Derzeit befindet sich das Anwesen im Besitz der evangelischen Stiftung de La Tour (Diakonie Kärnten). 2004 wurde ein Altenwohn- und Pflegeheim errichtet.
2 Lindwurm [Neuer Platz]   Weiße Pracht auf dem Neuen Platz. Das Wahrzeichen und Wappentier der Stadt Klagenfurt wurde aus einem einzigen Block Chloritschiefer vom Kreuzbergl gehauen. Den Auftrag dafür gaben die Landstände. Der Herkules steht seit 1636 dem Lindwurm gegenüber.
3 Schneefall [Stauderplatz]   Es ist Winter – mit reichlich Schnee und einer einzigartigen Atmosphäre.

WILLKOMMEN IM WINTERMÄRCHEN

Schnee, Sonne und Minusgrade. Wenn die Stadt und das Umland ganz in Weiß gehüllt sind, dann lässt man das Auto gerne mal stehen und ist lieber zu Fuß unterwegs. Wenn dann am nächsten Tag die Sonne am blauen Himmel strahlt, lohnt sich ein Spaziergang durch den frisch gefallenen Schnee. Dann heißt es: Bahn frei für viele Aktivitäten.

4 Winteridylle [vom Kreuzbergl aus]   Eine romantisch-weiße Pracht legt sich über die Stadt. Nur das leise Knirschen des frisch gefallenen Schnees hört man bei jedem Schritt. Bäume und Sträucher sind zugedeckt und müssen die Schneelast während der kalten Jahreszeit tragen.

5 Lendkanal [im Westen von Klagenfurt]   Wenn im Winter die Temperaturen für einige Tage unter Null Grad fallen, verändert auch der Lendkanal sein Aussehen. Wenn auf die Eisdecke auch noch Schnee fällt, ist das weiße Band zwischen der verschneiten Landschaft besonders reizvoll und natürlich ein besonders beliebtes Fotomotiv.

6 Unterer Kreuzberglteich [Fischerwirt]   Schlittschuhe und Eisstöcke sind schon bereit. Viele warten nur noch auf die Freigabe der Eisfläche, die am Abend auch beleuchtet ist.

1 Metnitzstrand/Friedlstrand [Wörthersee]   Auch im Winter beliebt bei den Spaziergängern: der Friedlstrand und der Metnitzstrand. In unmittelbarer Nähe befindet sich auch die Schiffsanlegestelle.
2 Anlegestelle [Loretto]   Der frisch gefallene Schnee „umrahmt" das Gewässer. Der Blick vom Steg Maria Loretto auf den See lädt zum Träumen ein.
3 Eislaufvergnügen [Wörthersee]   Warm einpacken und das Natureis genießen. Wenn es über eine längere Zeit besonders kalt ist, friert der Wörthersee zu. Leider passiert das selten. Ein wunderbares Erlebnis ist es, auf einer dicken Eisschicht von Klagenfurt bis Velden auf Kufen zu gleiten oder Eishockey zu spielen. Fotos aus dem Jahre 2006.

4 Lendspitz [Wörthersee]   Winterliche Verhältnisse in der Ostbucht. Das Gebiet des Lendspitz-Maiernigg und Siebenhügel ist seit 2005 offizelles „Natura-2000"-Landschaftsschutzgebiet mit einer Fläche von 77,4 Hektar. Die Grenzen des Schutzgebietes verlaufen im unverbauten Bereich von der Wörthersee-Halbinsel Maria Loretto ausgehend entlang des Lendkanals, südlich des Südrings, der Süduferstraße bis zum Bad Maiernigg und quer über die Wörtherseebucht zurück nach Maria Loretto.

5 Schifffahrt-Anlegestelle [Wörthersee]   Es hat frisch geschneit. Tief durchatmen und die malerische Winterlandschaft in vollen Zügen genießen.

1 Wiese [Kreuzbergl]   Wo sich einst auch Kaiser Franz Joseph 1850 bei seinem Klagenfurt-Besuch wohlfühlte, ist heute eine Spielwiese. Der Vorschlag vom damaligen Baudirektor Martin Ritter von Kink war, anlässlich des Kaiserbesuches, ein Volksfest und ein Scheibenschießen zu veranstalten.

2 „Hausberg" [Kreuzbergl]   Blick vom Stadtpfarrturm auf das Kreuzbergl. Ein bemerkenswerter Lebensraum mit großartiger landschaftlicher Vielfalt: ein Naherholungsraum mit einer reichen Tier- und Pflanzenwelt.

3 Spazier- und Wanderwege [Kreuzbergl]   Natur ganz nah erleben – nur wenige Gehminuten vom Stadtzentrum entfernt. Großzügig angelegte Spazier- und Wanderwege, Kinderspielplätze usw. sind ein frühes Beispiel für einen gezielt geplanten „Freizeitpark", welcher anlässlich des Kaiserbesuches entstanden ist.

3 Kreuzberglteiche [Kreuzbergl]   Drei Stehgewässer – der obere, der mittlere und der untere Teich – befinden sich am Kreuzbergl. Aufnahme: Unterer Teich, Anfang August.

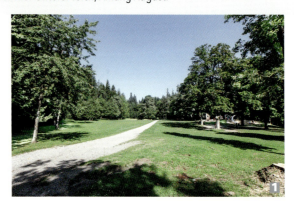

KREUZBERGL – DAS WOHN- UND FREIZEITGEBIET

Die Erhebung an der nordwestlichen Ecke des Stadtzentrums mit der Berggruppe zwischen den Hallegger Teichen, dem Kalvarienberg und dem Falkenberg (672 Meter Seehöhe) wird als Kreuzbergl bezeichnet. Nach dem Besuch von Kaiser Franz Joseph wurde dieses Gebiet als öffentlicher Erholungsraum für die Bevölkerung bereitgestellt.

5 Turm für den Entlüftungsschacht des Stollens [Kreuzbergl]   „Künstler" haben den Turm als Leinwand benützt und ihn farblich gestaltet. Auf der Gedenktafel, die von drei Votivbildern umrahmt ist, ist zu lesen: „Dieser Turm schützt den Entlüftungsschacht des 354 m langen Luftschutzstollens. Er ist der ausgedehnteste, den die Stadtgemeinde zum Schutze ihrer Bürger in den Jahren 1943–1945 durch das Stadtbauamt unter Baudirektor Dipl.-Ing. Albert Rothmüller planen und ausführen ließ. In ihm fanden dichtgedrängt bis 6000 Menschen bei Tag und Nacht Schutz vor 48 Bombenangriffen, durch die 1132 Gebäude schwer beschädigt, 443 vernichtet und 512 Einwohner getötet wurden. Luftschutzleiter Hauptschuldirektor Egbert Bohrer betreute, unterstützt von Ärzten, Rotkreuz-Schwestern und 18 freiwilligen Ordnern, die Schutzsuchenden. Niemandem geschah ein Leid, obgleich Bomben bis vor den Eingang fielen. Zur Erinnerung an die leidvolle Bedrängnis seiner Vaterstadt gewidmet von Hans Knapp in Kanada."

1 Mageregg [Annabichl/Lendorf] Wolfgang Mager von Fuchsstatt ließ 1590 das Schloss im Renaissancestil in einer großen Parkanlage mit einer hohen Mauer und vom Glanfluss umfriedeten Besitz errichten. 1841 erfolgte ein vollständiger Umbau. Heute wird das Gebäude von der Kärntner Jägerschaft, in dessen Eigentum es sich auch befindet, und als Restaurant genutzt.

2 Krastowitz [St. Peter/Klagenfurt] Die Errichtung wird mit Anfang des 18. Jahrhunderts datiert. Johann von Schoberg und seine Gemahlin Maria Barbara von Kulmer wurden erstmals als Besitzer genannt. Unter Freiherr von Reyer wurde das Schloss im späten 19. Jahrhundert von Theophil Hansen umgebaut. Heute ist das Gebäude im Besitz der Landwirtschaftskammer und wird als Bildungshaus genutzt.

SCHLÖSSER UND HERRENSITZE

Die kleinteilige Kulturlandschaft von Klagenfurt wird von Weiden, Äckern, Wiesen, Waldstücken sowie dem Wörthersee geprägt. Innerhalb dieser Landschaft lassen sich auch bauliche Kostbarkeiten entdecken. Sehenswerte Schlösser und Herrensitze, die teilweise öffentlich zugänglich sind, fügen sich harmonisch in das Landschaftsbild ein.

3 Ehrental [Annabichl] Eine erste urkundliche Erwähnung gibt es aus dem Jahre 1645. Johann Weber von Ehrental war der Bauherr. Das Schloss ist im Besitz des Landes Kärnten. Seit 1953 ist hier die Landwirtschaftliche Schule untergebracht.

4 Maria Loretto [St. Martin/Wörthersee] 1652 wurde das Lustschloss mit weitläufigen Gartenanlagen nach „italienischer Manier" erbaut. Bauherr war Graf Johann Andreas von Rosenberg. 2002 hat die Stadt Klagenfurt das Objekt erworben, das als Café und Veranstaltungsort genutzt wird. Von den einst zahlreichen Gartenskulpturen haben sich nur zwei steinerne Löwen erhalten, die am Fuße der Gartentreppe „Wache" halten.

SCHLÖSSER UND HERRENSITZE

- ANNABICHL, um 1582, errichtet von Georg von Khevenhüller, Privatbesitz
- EHRENBICHL, Wölfnitz, Privatbesitz
- EHRENHAUSEN, Annabichl, urk. 1588, Privatbesitz
- EHRENTAL, Annabichl, urk. 1645, Johann Weber von Ehrental, Landwirtschaftliche Schule
- EMMERSDORF, Wölfnitz, urk. 1136, Privatbesitz
- FALKENBERG, Annabichl, urk. 1569, Privatbesitz, Nutzung als Gaststätte
- FREYENTHURN, St. Martin urk. 1541, Privatbesitz
- HALLEGG, Wölfnitz, ursprüngliche Burganlage 1218, Privatbesitz
- HARBACH, St. Peter, seit 2002 Sitz der Diakonie
- KRASTOWITZ, St. Peter, Anfang 18. Jahrhundert, Nutzung als Bildungshaus der Kärntner Landwirtschaftskammer
- MAGEREGG, Annabichl, 1590, Wolfgang Mager von Fuchsstatt, Privatbesitz, Kärntner Jägerschaft
- MARIA LORETTO, St. Martin, 1652, Johann Andreas von Rosenberg, im Besitz der Stadt Klagenfurt, wird als Café und als Veranstaltungsort genutzt
- PICHLERN, St. Peter, um 1287, Ignatz von Fresacher, Privatbesitz
- PITZELSTÄTTEN, Wölfnitz, 1529, im Besitz der Republik Österreich, Nutzung als Höhere Land- und Forstwirtschaftliche Schule (HLFS)
- SELTENHEIM, Wölfnitz, nach 1487, Haus Liechtenstein, Privatbesitz
- ST. GEORGEN AM SANDHOF, Annabichl, 1584, Privatbesitz
- TENTSCHACH, Wölfnitz, Mittelalterliche Burg, 1570 umgebaut, Familie Pibriacher, Privatbesitz
- WELZENEGG, St. Peter, 1575, Viktor Welzer von Eberstein, Privatbesitz
- ZIGGULN, St. Martin, Mitte 17. Jahrhundert, Jesuitenorden, Privatbesitz

1 **Domkirche und Stadtpfarrkirche** [Domplatz/Lidmanskygasse Nr. 14]   Der Turm der 1591 errichteten Kirche spiegelt sich im angrenzenden Gebäude am Domplatz.
2 **BKS Bank AG** [St. Veiter Ring Nr. 43]   Nach den Plänen von Architekt Wilhelm Holzbauer wurde mit dem Bau des Zentralgebäudes 1991 begonnen; im November 1993 erfolgte die Inbetriebnahme.
3 **Kärntner Landesarchiv** [St. Ruprechter Straße Nr. 7]   Ursprünglich war das Landesarchiv im Landhaus untergebracht. Wegen der dramatischen Raumnot wurde ein Neubau notwendig. Nach einem Architektenwettbewerb wurde 1992 das Projekt an die Architekten Dipl.-Ing. Horst Aichernig, Villach, und Dipl.-Ing. Edwin Pinteritsch aus Spittal/Drau vergeben. Am 10. Oktober 1996 wurde das Archiv eröffnet.

GEBÄUDE IN MODERNEN „KLEIDERN"

Klagenfurt ist am Puls der Zeit. Das zeigt sich auch an der Architektur. Die Funktionalität moderner Architektur ergibt sich aus dem gesellschaftlichen und bedarfsorientierten Wandel. Dabei geht es darum, den schützenswerten Altbestand mit den Erfordernissen zeitgenössischer Bauten in Einklang zu bringen.

4 **Bezirksgericht Klagenfurt** [Feldkirchner Straße Nr. 6]   2007 wurde der Neubau fertiggestellt und bietet eine Nutzfläche von 4600 Quadratmetern. Materialien wie Naturstein, dunkler, glänzender Granit kamen in den öffentlichen Zonen zum Einsatz, freundliches Eichenholz sorgt für eine angenehme Raumatmosphäre. Architekten/Generalplaner: ARGE Zytinoglu-Bucher, Dipl.-Ing. Arkan Zeytinoglu, Mag. SIA Adrian-Martin Bucher.

5 **Ehemalige Zentrale der Hypo-Alpe-Adria-Bank** [Völkermarkter Straße]   US-Toparchitekt Thom Mayne plante das Hypo-Gebäude an der östlichen Stadteinfahrt. Von 1997 bis 2000 dauerte die Ausführung. 1999 wurde bereits ein Trakt eröffnet. Die Fassade besteht aus 4300 Quadratmetern Alu-Glas und 7300 Quadratmetern Alu-Blech. Das Gebäude wurde 2000 im Österreich-Pavillon der Architekturbiennale von Venedig präsentiert.

1 Einkaufszentrum Cityarkaden [Heuplatz]   Wo einst das Neuner-Fabriksgebäude aus dem 19. Jahrhundert und die Neuner-Villa standen und Jahrzehnte das Ortsbild am St. Veiter Ring prägten, ist heute das Einkaufszentrum Cityarkaden angesiedelt. Eröffnet wurde das Einkaufszentrum mit drei Ebenen und einer Verkaufsfläche von 27.000 Quadratmetern im Jahre 2006.

2 Klagenfurter Messe [Messeplatz Nr. 1]   Bis in das Jahr 1838 reichen die Vorläufer der heutigen Klagenfurter Messe zurück. Von 1931 bis 1966 war der Verschönerungsverein Klagenfurt der Veranstalter. Danach wurde 1967 die Betriebsgesellschaft m.b.H. gegründet. Nach unterschiedlichen Standorten wurde schließlich das angestammte Areal in der St. Ruprechter Straße fixiert. Auf dem Gelände finden Messen, Ausstellungen, Kongresse und Fachtagungen statt. Das Veranstaltungs- und Messezentrum ist auch die Plattform für jährlich mehr als 100 Events. Beste Kontakte bestehen zu den unmittelbaren Nachbarn Slowenien und Norditalien.

FUNKTIONALITÄT OPTISCH VERPACKT

Engagierte und anspruchsvolle bauliche Gestaltung wurde einst und wird heute in unterschiedlichen Bereichen an dem Maßstab der Funktionalität gemessen. Dass jahrhundertelange Erfahrung in zeitgemäßes Bauen einfließt, aber gleichzeitig sämtliche technische Möglichkeiten erfüllt werden sowie einstige Architektur auch heute noch ihren Charme hat, beweisen zahlreiche Bauten.

3 Fernheizwerk [Pischeldorfer Straße]   1949 wurde das erste österreichische Fernheizkraftwerk in Betrieb genommen. Waren anfangs das Landeskrankenhaus Klagenfurt, der Schlachthof und die damalige Lederfabrik Neuner angeschlossen, so wurde nur einige Monate später mit dem Ausbau und der Netzerweiterung begonnen.

4 Feuerwehr der Stadt Klagenfurt [Hans-Sachs-Straße Nr. 2]   Das Feuerwehrwesen in Klagenfurt lässt sich weit in die Zeit zurückverfolgen. Ferdinand Jergitsch ist hier zu nennen. Die Berufsfeuerwehr wurde 1945 (auf Anordnung der britischen Militärregierung) gegründet. 50 Mann stehen derzeit im 24-Stunden-Wechseldienst.

1 Landespolizeidirektion Kärnten [Buchengasse Nr. 3]   Der Gebäudeanbau bzw. Ausbau der Landespolizeidirektion Kärnten wurde in den Jahren 1996–1998 realisiert.

2 Haus der Kärntner Ärzte [St. Veiter Straße Nr. 3]   Das Haus der Kärntner Ärzte bietet der Ärztekammer für Kärnten sowie Ordinationen und Büros Platz. Es ist ein städtebauliches Zeichen und kann wohl mit einer Torfunktion für die Nordeinfahrt von Klagenfurt verglichen werden. Die bauliche Ausführung erfolgte in den Jahren 1992–1993. Für die Planung war Architekt Ernst Giselbrecht verantwortlich.

3 Blauer Würfel [Buchengasse Nr. 3]   1994 wurde die Idee mit dem Blauen Würfel („Europäisches Design Depot") realisiert, geplant von Architekt Prof. Laurids Ortner.

4 ÖAMTC-Zentrale [Alois-Schader-Straße Nr. 11]   Der alte Stützpunkt hat über 40 Jahre gute Dienste geleistet. Weil die Anforderungen stiegen, musste nach 14 Monaten Bauzeit 2010 eine neue Landesclubzentrale mit einer Nutzfläche von 5366 Quadratmetern eröffnet werden. Die Zentrale verfügt über zehn modern ausgestattete Prüfstellen mit Hebebühnen, Prüf- und Diagnosegeräten neuester Technik, einen großzügigen Beratungsbereich, ÖAMTC-Shop, Reisebüro und Seminar- sowie Schulungsräume. Die Planung oblag dem Villacher Architekten Klaus Egger. Der „Klagenfurter Autoclub" (KAC) wurde 1905 gegründet und hatte 41 Mitglieder. Foto: ÖAMTC

5 BG/BRG für Slowenen – ZG/ZRG za Slovence [Prof.-Janežič-Platz Nr. 3]   2017 feierte das Gymnasium sein 60-Jahr-Bestandsjubiläum. Die offizielle Eröffnung nach Übersiedlung ins eigene Gebäude (Prof.-Janežič-Platz) fand am 18. Juni 1975 statt; 2014 erfolgte eine weitere Sanierung und Erweiterung des Gebäudes.

1 Verwaltungszentrum des Landes Kärnten [Mießtaler Straße Nr. 1]   Transparente Büros für transparente Verwaltung. Das Verwaltungszentrums ist auch ein Zeichen für ein zeitgemäßes Bürgerservice. Der Zugang ist barrierefrei ausgelegt. Im Osten des Gebäudekomplexes gibt es zwei Atrien. Dem Gebäude selbst liegt ein integrales Energiekonzept zugrunde. Das Verwaltungszentrum weist einen umbauten Raum von rund 100.000 Kubikmetern auf und bietet Raum für 750 Arbeitsplätze. Der bestehende Büroturm der 60er-Jahre wurde in den Erweiterungsbau einbezogen. Eine zweigeschossige Tiefgarage unter den neu gebauten Gebäudeteilen mit 150 Stellplätzen wurde errichtet. Das aus einem EU-weiten Architektenwettbewerb hervorgegangene Siegerprojekt der Architekten Poos-Isensee (Hannover) stellt einen transparenten und modernen Bau dar.

2 Klinikum Klagenfurt am Wörthersee [St. Veiter Straße]   Anlässlich der Eröffnung des LKH Neu im Mai 2010 wurde allgemein von einem Jahrhundertprojekt gesprochen, das Vorbildwirkung in der gesamten europäischen Gesundheitspolitik haben soll. Das Klinikum (Betreibergesellschaft Kabeg) wurde auf einer Fläche von 95.00 Quadratmetern umgestaltet sowie ein großer Komplex neu errichtet. Die Planung begann im Juni 1999. Erster Schritt war die Verlegung der Glan. Die Grundsteinlegung für das Klinikum erfolgte im September 2006. Ein Jahr später wurde bereits die Zentralwäscherei als erster Abschnitt des Ver- und Entsorgungszentrums (VEZ) in Betrieb genommen, im Oktober 2008 und April 2010 folgten die Abschnitte zwei und drei des VEZ. In das neue Chirurgisch-Medizinische Zentrum (CMZ) wurden die Patienten Anfang Juni übersiedelt.

1 **Verkehrsknotenpunkt** [Hauptbahnhof]   Klagenfurt wurde an die Südbahn angeschlossen und das Bahnhofsgebäude damals außerhalb der Stadt (St. Ruprecht) errichtet. Im Zweiten Weltkrieg wurde der Bahnhof stark beschädigt und musste abgerissen und neu errichtet werden. 2001–2005 erfolgte ein Umbau und der Bahnhof wurde auf den neuesten Stand gebracht.

2 **Bahnhofstraße** [Hauptbahnhof–Kapuzinerkirche]   Die Bahnhofstraße ist in Nord-Süd-Richtung die direkte Verbindung der Innenstadt mit dem Hauptbahnhof. Sie wurde mit dem Bau der Südbahn als Boulevard angelegt. Sie war einst eine beliebte und stark frequentierte Einkaufsstraße. Mittlerweile hat sich das Geschäftsleben verändert und die Bahnhofstraße hat ihre einstige Bedeutung verloren.

FACETTEN DER MOBILITÄT

Mobilität war und ist eine Grundfunktion des gesellschaftlichen Lebens und jeder städtischen Entwicklung. Ändert sich die Mobilität, so ändert sich auch die Stadt. Die Bahnhofstraße wurde als Boulevard angelegt. Die erste Fußgängerzone Österreichs entstand 1961 in Klagenfurt (Kramer- und Wiener Gasse). Nicht einmal ein halbes Jahrhundert später wurde die Stadt durch den vierspurigen Ringausbau verändert.

3 Kapuzinerkirche [Ende der Bahnhofstraße]   Das Kapuzinerkloster wurde in den Jahren 1646–1649 an jener Stelle errichtet, wo sich einst die Roßmühle befand.
4 Nostalgie und Moderne [Bahnhof]   War es seinerzeit die Dampflokomotive, so sind es heute starke Diesel- oder Elektrolokomotiven, die zum Einsatz kommen.
5 Fresken [Bahnhof]   1950 gewann Giselbert Hoke (1927–2015) den Wettbewerb für die Gestaltung der Fresken in der Halle des damals neu errichteten Klagenfurter Hauptbahnhofes. Die Enthüllung des Werkes im Jahre 1956 sorgte für einen Skandal. Während damals die konservative Bürgerschaft die Zerstörung des Kunstwerkes forderte, sind die Fresken heute ein bedeutendes Beispiel der österreichischen Malerei nach 1945.
6 Modernität und Komfort [Gleisanlage und Bahnsteige]   Beeindruckende Größe und perfekte Logistik.

1 Ringstraßen [Villacher, Viktringer, Völkermarkter und St. Veiter Ring]   Der historische Kern von Klagenfurt befindet sich innerhalb der einstigen Stadtmauer. Bis auf den Viktringer Ring sind alle drei Bereiche großzügig auf vier Spuren ausgebaut worden. Für die Verbreiterung wurden nicht nur Bäume, sondern auch wertvolle Grünfläche (Villacher und St. Veiter Ring) der innerstädtischen Parkanlagen geopfert. Im Norden wird die Stadt von der Südautobahn (A2) umfahren.

2 Unterführung [Ebentaler Straße]   Die Bauarbeiten der Unterführung in der Ebentaler Straße sowie der Haltestelle Klagenfurt-Ebental wurden 2010 begonnen. Die Verkehrsfreigabe erfolgte dann 2012. Weil die Koralmbahn in den Hauptbahnhof Klagenfurt eingebunden wird, erfolgte der Ausbau des Schienenverkehrs Richtung Osten auf zwei Gleisen.

3 Kärnten Airport Klagenfurt am Wörthersee [Stadtbezirke Annabichl und St. Peter] Der Flughafen Klagenfurt (auch Kärnten Airport oder Alpe-Adria Airport; IATA-Code: KLU, ICAO-Code LOWK) befindet sich im Norden von Klagenfurt und ist etwa vier Kilometer vom Stadtzentrum entfernt. 1914 als Militärflugplatz gegründet, erfolgte 1925 die Übernahme durch die Kärntner Luftverkehrsgesellschaft mit Unterstützung der Stadt Klagenfurt, Kärntner Banken und der Österreichischen Luftverkehrs AG. 1938 übernahm den Flughafen die deutsche Wehrmacht. Für die zivile Luftfahrt wurde der Flughafen erst wieder 1951 freigegeben. In den Jahren 1958, 1964 und 1965 wurde er etappenweise ausgebaut. 1981 erfolgte die Verlängerung der Piste auf 2270 Meter. Mit dem Bau der neuen Ankunftshalle wurde 1997 begonnen. Nachdem der Flughafen 2003 mit einem CAT II/III-Landesystem nachgerüstet wurde, sind präzise Anflüge nach Instrumentenflug möglich.
Foto: Flughafen Klagenfurt

1 Busbahnhof [Heiligengeistplatz]   An der nördlichen Seite des Platzes befinden sich die Heiligengeistkirche (1344 erstmals urkundlich erwähnt) und der Klosterbau der Ursulinen. Der Platz selbst ist nach der Kirche benannt. Ursprünglich befand sich hier der Friedhof des Heiligengeistspitals, danach wurde der Platz als Fischmarkt genutzt. 1965 erfolgte die Umwidmung des Heiligengeistplatzes zur Zentralstation für Busse. Die Dreifaltigkeitssäule, die sich bis zu diesem Zeitpunkt hier befand, wurde auf dem Alten Platz aufgestellt. An der Westseite geht der Heiligengeistplatz in den Stauderplatz (hier befand sich ursprünglich auch das Villacher Tor) über. Die Südseite wird von einem burgartigen mächtigen Bau, dem 1907 errichteten Stauderhaus, beherrscht.

1 Schrotturm [Straße zwischen Krumpendorf und Klagenfurt, am nordöstlichen Wörtherseeufer]

Weithin sichtbar ist ein altes Industriedenkmal, das Johann Ritter von Rainer zu Harbach in 1818 errichten ließ. Der 67 Meter hohe Turm diente einst zur Erzeugung von Schrotkugeln. Viele Jahrzehnte wurde hier flüssiges Blei von ganz oben durch ein Sieb gegossen. Die Tropfen nahmen beim Fall eine Kugelform an und fielen dann in ein kaltes Wasserbad zur Aushärtung. 1898 kaufte die Bleiberger Bergwerksunion den Turm, bald darauf wurde die Produktion eingestellt. 1927 erwarb Adolf Wolf das 6500 Quadratmeter große Grundstück mit dem Turm und errichtete das Terrassen-Kaffeerestaurant „Schrottenburg". Den Besuchern bot sich von der Terrasse aus ein wunderbarer Blick über den östlichen Teil des Sees und die Karawankenkette. Nachdem 1970 der Betrieb geschlossen wurde, ist der Turm mit dem Gebäude dem Verfall preisgegeben. 2005 zerstörte ein Brand die ehemaligen Galeriräume.

EINSTIGER GLANZ IST VERBLASST

Über Jahrzehnte prägten sie das Stadtbild in Klagenfurt mit: Industriebauten mit ihren Türmen und Schloten. Sie sind heute (noch) Zeugen einer Epoche, die eine großartige Zeitspanne der Industrialisierung widerspiegeln. Die baulich hervorgebrachten Manifestationen haben unser Denken und Leben wesentlich beeinflusst. Die Erhaltung dieser ist eine Wertschätzung.

2 Ehemalige Schuhfabrik Neuner [An der Walk]   Neben der ehemaligen Tuchfabrik An der Walk errichtete Julius Christoph Neuner 1922 eine Fabrik für die Schuherzeugung. Sein Großvater kam 1792 aus Oberfranken nach Kärnten und übernahm in Klagenfurt eine Riemermeisterstelle. Der Vater von Julius Christoph Neuner war Lederfabrikant, besaß eine Gerberei und war auch Gemeinderat. 1853 wurde in der St. Veiter Straße eine neue Fabrik eröffnet. Julius Christoph Neuner (1838–1910) war nicht nur Unternehmer, sondern auch Politiker; u. a. Bürgermeister von Klagenfurt. Die Umstellung auf Schuherzeugung erfolgte im letzten Jahr des Ersten Weltkrieges. In der Fabrik An der Walk und an weiteren Standorten wurden ab 1950 Schuhe erzeugt. Jahre später verringerte sich die Produktion und die Fabrik wurde stillgelegt. Nunmehr erfolgt der Abriss.

3 Ehemalige Molkerei [Rudolfsbahngürtel]   Die Gebäude stehen noch, doch die Erinnerung schwindet.

1 Festung [Richard-Wagner-Straße Nr. 20]   Geplant wurde das Gebäude 1848 von Hauptmann Scheidling und ist 1850 von Domenico Venchiarutti – allerdings in reduzierter Form – gebaut worden. Das Gebäude – „Defensivwerk" bzw. Festung genannt – weist vier lang gestreckte und niedrige Gebäudeteile auf, die einen großen Hof umgeben. Der Stiftung von Ferdinand Kaufmann zufolge waren hier auch verwahrloste Jugendliche untergebracht. Seit 1947 befindet sich dort die Volksschule. Neben der Festung findet sich auch eine Gartenanlage, die von der Klagenfurter Bevölkerung genutzt wird.

ENTWICKLUNG AUSSERHALB DER EHEMALIGEN STADTMAUER

Die Dynamik einer Stadt, die permanent wächst, spiegelt sich auch im Stadtbild wider. Der gesellschaftliche Wandel manifestiert sich in der städtebaulichen Entwicklung. Die bauliche Transformation ist dem ökonomischen, sozialen und kulturellen Wandel unterworfen und wirkt sich auf die Lösung von Gestaltungsfragen aus. Dazu einige Beispiele.

2 Christkönigskirche, Seelsorgeamt und Diözesanhaus [Tarviser Straße Nr. 30]   Die Christkönigskirche wurde 1931 im Verband mit dem ehemaligen Priesterseminar, heute Seelsorgeamt, erbaut und 1932 geweiht. Die Planung oblag dem Wiener Dombaumeister Karl Holey. Die Kirche selbst ist ein turmloser Saalbau, der an der Ostseite mit dem Gebäude verbunden ist. Nur sechs Jahre lang diente das Haus als Priesterseminar, danach okkupierten es die Nationalsozialisten. Nach der Befreiung vom Regime beschlagnahmte die britische Armee das Gebäude und nutzte es als Hauptquartier. Im Inneren eine Erinnerungstafel, wonach „dieses Haus von 1945 bis 1955 als Hauptsitz der britischen Truppen in Österreich verwendet wurde". Nach Wiederherstellung der Souveränität Österreichs und dem Abzug der Alliierten wurde das Haus 1955 wieder der Kirche zurückgegeben. 1989 wurde ein noch heute bestehender Kindergarten eingerichtet. 1995 erfolgte eine umfassende Generalsanierung.

1 **Marianum** [Rudolfsbahngürtel Nr. 2]   Mit dem Bau des ehemaligen Priesterhauses wurde 1884 unter Bischof Josef Kahn begonnen; eine Erweiterung erfolgte unter Bischof Balthasar Kaltner. Die sehenswerte kirchengroße Kapelle wurde zwischen die beiden, einen rechten Winkel bildenden Haupttrakte in den Jahren 1923/1924 unter Bischof Adam Hefter eingefügt, sodass sie wie ein dritter Trakt wirkt. Die Kapelle selbst präsentiert sich als saalartiger Raum und weist eine mit einem Rosettendekor belegte Kassettendecke auf. Kannelierte Säulen bilden die Grenze zwischen Kirchenschiff und dem nischenartigen Altarraum. 1923 schuf Switbert Lobisser die Fresken im Chor und an der Triumphbogenwand. Ebenfalls eine Lobisser-Arbeit ist das Hauptaltarbild mit der Anbetung des göttlichen Kindes durch die Heiligen Drei Könige. An den Wänden sind die Kreuzigung Christi und Himmelfahrt Mariens dargestellt.

2 **Höhere Technische Bundeslehranstalt** [Lastenstraße Nr. 1] Unternehmer aus Kärnten wollten um die Mitte des 19. Jahrhunderts eine Ausbildungsstätte für industrielle Kräfte etablieren. Vorbild war 1849 eine technische Vorschule, die im Naturhistorischen Museum untergebracht war. 1861 wurde in der Lidmanskygasse eine „k. k. mechanische Lehrwerkstätte" eingerichtet, erst danach folgte der Bau des Gebäudes in der Jessernigstraße. Durch alliierte Fliegerbombardements im Zweiten Weltkrieg schwer getroffen, erfolgte der Wiederaufbau. Der aus einer alten Klagenfurter Familie von Handesleuten und Steinbierbrauern stammende Gabriel Ritter von Jessernig war u. a. Direktor der Kärntner Sparkasse, Gemeinderat und Bürgermeister, Landtagsabgeordneter, Landeshauptmann-Stellvertreter und Reichstagsabgeordneter in Wien. In seiner Amtszeit wurde jene Schule gegründet, aus der danach die Höhere Technische Bundeslehranstalt für Maschinenbau und Elektrotechnik hervorging.

1 Städtischer Schlachthof [Schlachthofstraße Nr. 5, Nr. 7]   Die Erbauung des Schlachthofes in Klagenfurt ist in der Giebelinschrift mit 1910/1911 angegeben. Erbaut wurde das Gebäude von Karl Kleinert. Markant sind der achteckige Turm und das breite Portal. In schlichter Jugendstilform wurden das Direktions- und Verwaltungsgebäude gestaltet.

1 Ehemalige Lehrerbildungsanstalt [Bahnhofstraße Nr. 36]   Mit langer Front präsentiert sich das um 1871/1872 errichtete Gebäude mit späthistoristischem Neorenaissance-Dekor der ehemaligen Lehrerbildungsanstalt. Es befand sich einst in der Viktringer Vorstadt südlich der ehemaligen Stadtmauer. Im Parterre ist eine Gedenktafel „1914–1918 – Im Gedenken an die im Weltkriege gefallenen Lehrer u. Lehramtskandidaten Kärntens" mit Namensnennung angebracht. Gewidmet von der Gewerkschaft Kärntner Lehrerbund.

1 Ehemalige Waisenhauskaserne – Stabsgebäude [Deutenhofenstraße Nr. 1–3]   Das aus dem 19. Jahrhundert stammende Gebäude war Teil eines großen Komplexes. Dieser wurde später vom Holländer Johann von Thys zur k. u. k. Feintuchfabrik umgebaut, die ab 1762 betrieben wurde und auf deren Areal Thys 1768 Militärwaisen ansiedelte, die für ihn arbeiteten. Ab 1784 wurde die Anlage als Militärkaserne genutzt, woraus 1895 der Bau des heute unter Denkmalschutz stehenden Stabsgebäudes hervorging. Kurzfristig war hier 1858 auch eine Zigarrenfabrik untergebracht. Nach der Übernahme des Areals durch die Unternehmensgruppe Kollitsch, erfuhr der Bau eine umsichtige Renovierung. Es entstand ein modernes Bürogebäude mit großzügigen Räumlichkeiten, welches seit 2014 als Firmensitz der Kollitsch-Gruppe dient und wo sich ebenfalls das KUNSTHAUS : KOLLITSCH befindet, das im jährlich wechselndem Ausstellungsturnus zeitgenössische Werke aus der Sammlung Kollitsch zeigt. *Fotos 1–3: Kollitsch/Gleiss*

2 **Schleppe-Brauerei** [Schleppe-Platz Nr. 1/Feldkirchner Straße]   Vor den Toren der Stadt Klagenfurt wird seit 1607 Bier gebraut; nach den damaligen Gepflogenheiten das Steinbier bis 1827. Märzen, Pils, Doppelbock und Bock sowie weitere Biersorten sind Entwicklungen des 19. Jahrhunderts. 1827 kaufte Joseph Löschnig das Anwesen und errichtete das Brauereigebäude. Dabei sicherte er sich ein kaiserliches Privileg, das noch heute in der Grundbuchseinlage eine Rolle spielt. Er braute das weltweit einzigartige Dampfbier. Der Bierabsatz entwickelte sich so gut, dass der Bau eines Felsenkellers für die Lagerung der Biervorräte nötig wurde. 1875 kam eine Dampfmaschine mit sechs PS für den Betrieb von Pumpen und Aufzügen zum Einsatz. 1912 erfolgte die Elektrifizierung sowie die Modernisierung nach den beiden Weltkriegen. In den letzten Jahren wurde Tradition und Innovation – auch architektonisch sichtbar – verbunden. Heute werden hier Fassbierspezialitäten gebraut.

1 Bundeshandelsakademie und Bundeshandelsschule [Kumpfgasse Nr. 21]   Die erste Wirtschaftsschule Kärnten befand sich 1895 im Gebäude der heutigen Hasnerschule. 1915 erfolgte der Umzug in das um 1880 errichtete Gebäude in der Kumpfgasse, das bis dahin als „Valerie-Siechenhaus" diente. Die über 120-Jahr-Bestandsgeschichte war bewegt. Die wichtigsten Stationen: 1962 wurde eine HAK für Berufstätige eingeführt; 1964/1965–1973/1974 gab es geteilt geführte Schulen für Mädchen und Knaben; 1982–1985 Neubau der HAK 1; 1982–1985 Neubau der HAK 2; 2009/2010 Zusammenlegung der beiden Schulen. Innovationen sowie zahlreiche Kooperationen in den Bereichen Wirtschaft, Wissenschaft und Sport zeichnen die HAK 1 International aus.

2 Post- und Telegraphendirektion für Kärnten [Sterneckstraße Nr. 19]   Die Arbeitsgemeinschaft Baumeister Georg Horčička und Freyer erbauten 1911/1912 das Gebäude mit denkmalgeschützter Fassade, in dem sich viele Jahre die Post- und Telegraphendirektion für Kärnten befand. 2007 zog der letzte Mitarbeiter aus und der Baukomplex, der auf einem 3500 Quadratmeter großen Grundstück situiert ist, wurde an eine Privatstiftung verkauft und zu einem Büro- und Wohnhaus mit einer Nutzfläche von rund 4200 Quadratmetern umfunktioniert. Die Sterneckstraße ist nach Maximilian Daublebsky von Sterneck benannt, der 1829 auf Schloss Krastowitz geboren wurde, Fregattenkapitän in der Seeschlacht von Lissa 1866 das italienische Flaggschiff versenkte und für seine Heldentat den Militär-Maria-Theresien-Orden bekam.

1 Das Rothauer Hochhaus [Villacher Ring Nr. 1a, Villacher Straße Nr. 1]   Innerhalb des Ringes ist das 14 Stock hohe Rothauer Hochhaus das höchste Gebäude. 1968 wurde jenes Haus, das zuvor recht weit in den Kreuzungsbereich Villacher Straße/Villacher Ring reichte, abgerissen und 1970/1971 das heutige Hochhaus errichtet. Dr. Max Rothauer kam 1853 im Haus Villacher Vorstadt Nr. 1 zur Welt, bekam eine Ausbildung als Techniker, betrieb mit anderen Gesellschaftern zu Kellerberg bei Paternion eine Holzschleiferei und auch eine Pappefabrik. Max Rothauer war ein hervorragender Cellist und betrieb in seinem ursprünglichen Haus Kammermusik. Komponisten und Künstler verkehrten in diesem Haus. Er war auch Präsident des Kärntner Forstvereins und des Musikvereins Kärnten.

WOHNEN MIT AUSBLICK AUF DIE STADT

Die aus den USA importierte Hochhausarchitektur schwappte in den ersten Nachkriegsjahrzehnten auch nach Europa über. Diese „Neuorientierung" fand auch in Klagenfurt statt. Städtebaulich wurde ein vertikaler Akzent gesetzt – damit dominierten nicht mehr allein die Kirchtürme die „Skyline" der Stadt.

2 Hochhaus [Kempfstraße Nr. 22]   1955 wurde das von der Stadtgemeinde Klagenfurt errichtete 13 Stockwerke hohe Hochhaus mit 68 Wohneinheiten an die Mieter übergeben und war somit das erste Wohnhochhaus Österreichs. Im obersten Stockwerk befand sich viele Jahre sogar ein Café.

3 Sternhochhäuser [Tristangasse Nr. 34 und Nr. 36]   Errichtet wurden die Häuser mit jeweils 14 Stockwerken 1964 und 1966. Für die Bauausführung war Baumeister Steinthaler verantwortlich. Die Häuser wurden mittels am Boden vorgefertigter Elemente (Fertigbauweise, Mantelbetonausführung) gebaut. Jedes Haus besteht aus 60 Wohnungen mit einer Gesamtwohnfläche von jeweils 4474 Quadratmetern und einer Ölzentralheizung. Jedes Stockwerk besteht aus zwei Garconnieren, einer Vier- sowie einer Fünf-Zimmer-Wohnung. Jedes Haus hat einen großen und einen kleinen Lift. Die ursprünglich geplante Dachterrasse kam nicht zustande. In den 90er-Jahren und 2005 wurden beide Häuser saniert.

1 Schlosshotel Wörthersee [Villacher Straße 338, Ostbucht des Wörthersees]   Das Hotel war einst der Inbegriff für Sommerfrische an Kärntens größtem See. Bauherr Graf Douglas Thurn-Valsassina ließ das Gebäude 1891–1897 errichten. Architekt war Wilhelm Heß. Die großen Hotels der Schweizer Kurorte sind als Vorbilder zu erkennen. Die beiden an der k. k. Staatshandwerkerschule in Klagenfurt tätigen Architekten Wilhelm Heß und Franz Baumgartner verwendeten bei den Fachwerkskonstruktionen und auch Fachwerksimitationen, Fensterversprossungen, Loggien und Balkonen ausschließlich Holz. Auch gründerzeitliche Repräsentationsbedürfnisse spiegeln sich in der Anlage.

WÖRTHERSEE-ARCHITEKTUR

Villen, Boots- sowie Badehäuser und sogar Schlösser wurden zur Zeit der Eröffnung der k. k. Südbahn bis zum Zweiten Weltkrieg in Pörtschach, Velden, Krumpendorf und Klagenfurt sowie am Südufer des Sees im Stil der Wörthersee-Architektur – einer Mischung aus Jugendstil, Regionalromantik, Barock und englischem Landhausstil – errichtet. Architekt Franz Baumgartner war hier der bedeutendste Vertreter.

2 Ruderverein Albatros [Friedlstrand Nr. 11]   Ein wenig englische Noblesse umgibt das Haus des Rudervereins Albatros. Errichtet wurde der Bau in den Jahren 1908/1909. Architekt war Franz Baumgartner, der die Architektur am Wörthersee bis in die 1930er-Jahre stark beeinflusste. Es gelang ihm, internationale Strömungen mit lokaler Tradition in seinen Bauwerken gekonnt zu verbinden; im Hintergrund das Schlosshotel Wörthersee.
3 Seevilla Samek, Seehaus [Maiernigg, Süduferstraße Nr. 108]   Die Wald- und Seevilla Samek (hinter den Bäumen verborgen) wurde 1902 von Stadtbaumeister J. Koschat entworfen und baulich auch für Bauherrn Paul Samek ausgeführt. Das dazugehörige „Seehaus am Fischerfels" ist direkt in den See gebaut.

1 MMKK Museum Moderner Kunst Kärnten [Burggasse Nr. 8]   Das MMKK präsentiert auf rund 1000 Quadratmetern Ausstellungsfläche regionale, nationale und internationale zeitgenössische Kunst. Das Museum widmet sich auch, wie vormals die Kärntner Landesgalerie, der Sammlung, Bewahrung, Erforschung, Dokumentation und Vermittlung sowie Förderung von moderner und zeitgenössischer Kunst. Es ist ein Ort der Begegnung und der aktiven Auseinandersetzung mit neuen sowie neuesten Kunstströmungen und Tendenzen. Für experimentelle künstlerische Projekte steht der Kunstraum Burgkapelle zur Verfügung. Die Kapelle wurde von Burggraf Wolfgang Sigismund Reichsgraf von Rosenberger gestiftet und in den Jahren 1733/1734 im Barockstil erbaut und mit Fresken ausgemalt. Im Arkadengang des ersten Obergeschosses im Innenhof: Skulpturen-Sammlung.
Fotos: © MMKK, Fotos Ferdinand Neumüller (3).

SPEKTRUM AN SAMMLUNGEN UND AUSSTELLUNGEN

In Museen werden Zeugnisse der Menschheitsgeschichte fachgerecht und dauerhaft aufbewahrt. Sie sind auch Kommunikations-, Erlebnis- und Lernorte. In Dauer- und Wechselausstellungen werden die Bestände den Besuchern zugänglich gemacht. Der Bogen spannt sich von den historischen Funden bis zu den bildenden Künsten.

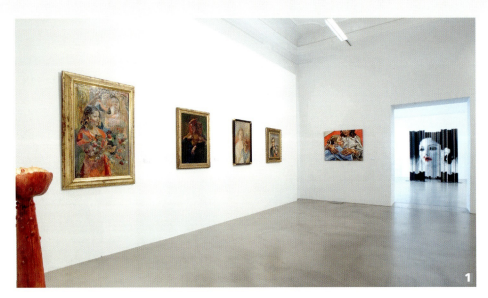

2 Koschat-Museum [Viktringer Ring Nr. 17]   Die Sammlung umfasst Fotos, Manuskripte sowie Möbeln und persönliche Dinge, welche dem in Wien ansässig gewesenen aber in Viktring geborene Komponisten, Chorleiter und Sänger Thomas Koschat (1845–1914) gehörten. Seine Musik ging als Botschaft des Landes Kärnten um die Welt.

3 Robert-Musil-Literatur-Museum [Bahnhofstraße Nr. 50]   Robert Musil war ein Dichter von Weltrang und gilt als Klassiker der Moderne. In seinem Geburtshaus befindet sich das Literaturmuseum, wo in einer ständigen Ausstellung Dokumentationen, Fotografien, Manuskripte sowie eine Bibliothek mit Werken der berühmten Schriftsteller Robert Musil, Christine Lavant und Ingeborg Bachmann zu sehen sind. Das Haus wurde 1867 errichtet und in den Jahren 1996 und 1997 von der Stadt Klagenfurt zu einem modernen Zentrum für Literatur ausgebaut.

4 Eboardmuseum [Florian-Gröger-Straße Nr. 20]   Von Gert Prix 1987 gegründet; über 1700 Exponate.

WEITERE MUSEEN IN KLAGENFURT

- LANDESMUSEUM RUDOLFINUM,
  Museumgasse 2,
  www.landesmuseum-ktn.gv.at
  (Vorübergehend geschlossen)

- KOSCHATMUSEUM, Viktringer Ring 17

- ROBERT-MUSIL-LITERATUR-MUSEUM,
  Bahnhofstraße 50,
  www.musilmuseum.at

- EBOARDMUSEUM, Florian-Gröger-Straße 20,
  www.eboardmuseum.com

1 Stadtgalerie Klagenfurt [Theatergasse Nr. 4]   Auf nahezu 1000 Quadratmetern Fläche werden in der Stadtgalerie Werke der klassischen internationalen Moderne präsentiert. Seit der Eröffnung waren u. a. Arbeiten von Egon Schiele, Oskar Kokoschka, Gustav Klimt, Giorgio Morandi, Lyonel Feininger, Salvador Dalí, Marc Chagall, Man Ray, Jean Michel Basquiat, Andy Warhol zu sehen. Junge Künstler aus dem europäischen Raum wie z. B. Jim Avignon, Marie-Claire Baldenweg, Kathrin Bremermann oder Eckart Hahn waren auch schon mit ihren Arbeiten vertreten. Neben der Malerei werden alternierend auch Fotografie, Skulptur und Neue Medien präsentiert.

2 Galerie Magnet [Palais Fugger, Theaterplatz Nr. 5]   Vor allem Vertreter der klassischen Moderne wie auch die Kärntner Künstler des 19. und 20. Jahrhunderts sind hier präsent.

KUNSTVOLL SEHENSWERT

Einen fabelhaften Blick in die Bilderwelt von Künstlern bieten die Galerien in Klagenfurt. Der Ausstellungsbogen spannt sich von berühmten Meistern bis zu (noch nicht) bekannten Künstlern. Die kreative Vielfalt spiegelt sich in den unterschiedlichen Darstellungsformen wie Malerei, Skulptur, Fotografie und Neue Medien wider. Spannende und überraschende Ausstellungen sind das Ergebnis.

3 Galerie 3 [Alter Platz Nr. 4]   1996 für zeitgenössische Kunst gegründet, widmet sich die Galerie auch der Förderung von jungen Kreativen und organisiert gemeinschaftliche Ausstellungen mit renommierten Künstlern.

4 Kunsthaus : Kollitsch [Deutenhofenstraße Nr. 3]   Sigrun und Günter Kollitsch eröffneten 2014 ihre neue Firmenzentrale und schufen gleichzeitig einen Ort, an dem zeitgenössische Kunst auf hohem Niveau gezeigt wird.

5 Rittergallery [Burggasse Nr. 8]   Werke zeitgenössischer Kunst werden hier von den von der Galerie vertretenen Künstlerinnen und Künstlern in wechselnden Ausstellungen präsentiert.

6 BV-Galerie [Feldkirchner Straße Nr. 31]   Die BV Kärnten (Berufsvereinigung Bildender Künstler) darf seit 1987 eine Galerie auf zwei Ebenen, der ein Künstlercafé angeschlossen ist, ihr Eigen nennen. Ausstellungen, Konzerte und unterschiedliche Kulturveranstaltungen finden im Rahmen des permanenten Galeriebetriebes statt.

AUSGEWÄHLTE GALERIEN IN KLAGENFURT

- STADTGALERIE, Theatergasse 4, www.stadtgalerie.net
- STADTHAUS | ALPEN-ADRIA-GALERIE, Theaterplatz 3, www.stadtgalerie.net/alpen_adria_galerie.asp
- KUNSTVEREIN KÄRNTEN – KÜNSTLERHAUS, Goethepark 1, www.kunstvereinkaernten.at
- GALERIE MAGNET, Palais Fugger, Theaterplatz 5, www.galeriemagnet.at
- GALERIE 3, Alter Platz 25 (2. Stock), www.galerie3.com
- RITTERGALLERY, Burggasse 8, www.rittergallery.com
- BV-GALERIE, Feldkirchner Straße 31, www.bv-kaernten.at
- KUNSTHAUS : KOLLITSCH, Deutenhofenstraße 3, kunsthaus.kollitsch.eu
- STADTHAUS | GEWÖLBEGALERIE UND STUDIOGALERIE, Theaterplatz 3, www.stadtgalerie.net
- NAPOLEONSTADEL | Kärntens Haus der Architektur, St. Veiter Ring 10, www.architektur-kaernten.at
- KUNSTRAUM WALKER, Richard-Wagner-Straße 34, www.galerie-walker.at
- GALERIE DE LA TOUR, Lidmanskygasse 8 (Innenhof), www.diakonie-delatour.at/galerie-delatour

1 **Volkssternwarte** [Giordano-Bruno-Weg Nr. 1]   Anlässlich des Klagenfurt-Besuches von Kaiser Franz Joseph I. und seiner Gattin Elisabeth wurde der Aussichtsturm 1895 errichtet. 1965 wurde diesem eine Sternwarte aufgesetzt und der Öffentlichkeit zugänglich gemacht. In der Kuppel befindet sich als Hauptfernrohr ein Coude-Refraktor.

2 **Kärntner Botanikzentrum** [Prof.-Dr.-Kahler-Platz Nr. 1]   Am Fuße des Kreuzbergls im historischen Steinbruch der Stadt befindet sich das Kärntner Botanikzentrum (Botanischer Garten, Kärntner Landesherbar, Fachbibliothek). In die Felskulisse des Gartens eingefügt sind eine Wasserlandschaft mit Wasserfall, Bach und Teich. Das Landesherbar beherbergt auch das „Herbarium Vivum" aus dem Jahr 1752.

3 **Wörthersee-Schifffahrt** [Friedelstrand Nr. 3]   Vier moderne Passagierschiffe laden zu erlebnisreichen Ausflugs- und Charterfahrten ein. Eines der letzten Schrauben-Dampfschiffe Europas, die „Thalia", verkehrt hier. Es gibt auch die Nostalgie-Schifffahrt mit der „Loretto" sowie mit der „Lorelei".

IMMER EINE FREIZEITALTERNATIVE

Einblicke und Ausblicke – auf Entdeckung gehen und sich mit einem unvergesslichen Ereignis belohnen. Klagenfurt bietet ideale Ziele für einen Familienausflug. Die Stadt ist nicht groß und kann mit ihren Sehenswürdigkeiten gut erforscht werden. Langeweile kann hier auf keinen Fall aufkommen, denn es gibt garantiert immer ein passendes Ziel für mehrere schöne Tage.

4 Minimundus [Villacher Straße Nr. 241]   1958 ist die Modellanlage entstanden. Gegründet vom Verein „Rettet das Kind", ist die Modellschau nach wie vor im Besitz des Vereins. Rund 250.000 Besucher pro Jahr bewundern die Freiheitsstatue von New York, das Taj Mahal, den Borobodur-Tempel, die Oper von Sydney, den CN-Tower oder den Petersdom. Insgesamt 150 Modelle aus über 40 Staaten der Erde können in Minimundus bei einer „Weltreise" lehrreich und vergnüglich genossen werden. Die Parkanlage unterstreicht die besondere Atmosphäre. Von Frühjahr bis Herbst zeigen hier rund 15.000 Blumen ihre Farbenpracht und es sorgen Bäume, Sträucher und Hecken, Bonsais und Palmen sowie Kakteen für ein erholsames Erlebnis. Der neue Indoor-Bereich bietet in einer ganzjährigen Ausstellung auf zwei Stockwerken (1500 Quadratmeter) Spannung und Unterhaltung für die ganze Familie. Nach der Reise um die Welt geht es ins Restaurant mit 400 Sitzplätzen.

WEITERE INTERESSANTE AUSFLUGSZIELE

- KÄRNTNER BOTANIKZENTRUM MIT DEM LANDESHERBAR, BOTANISCHER GARTEN, Prof.-Dr.-Kahler-Platz, www.landesmuseum-ktn.gv.at
- GUSTAV-MAHLER-KOMPONIERHÄUSCHEN, Wörthersee-Südufer-Straße, www.gustav-mahler.at
- PLANETARIUM KLAGENFURT, Villacher Straße 239, www.planetarium-klagenfurt.at
- REPTILIENZOO HAPP, Villacher Straße 237, www.reptilienzoo.at
- WÖRTHERSEE-SCHIFFFAHRT, Friedelstrand 3, www.woertherseeschifffahrt.at
- STADTPFARRTURM, Stadtpfarrkirche St. Egid, www.klagenfurt-tourismus.at
- STERNWARTE KLAGENFURT, Kreuzbergl, Giordano-Bruno-Weg 1, www.sternwarte-klagenfurt.at
- WILDPARK BEI SCHLOSS MAGEREGG, Mageregger Straße 175, www.kaerntner-jaegerschaft.at
- WAPPENSAAL IM LANDHAUS, Landhaushof, www.landesmuseum.ktn.gv.at

1 Mammutbaum [Landhauspark/Kiki-Kogelnik-Park]   Zur Erinnerung an die 40. Wiederkehr der Kärntner Volksabstimmung vom 10. Oktober 1920 wurde 1960 vom Land Kärnten ein Urweltmammutbaum gepflanzt. Diese Bäume werden sehr alt. Auch ein Ginkgobaum ist hier zu bewundern. Dieser ist durch seine Blätter eine beeindruckende Erscheinung. Viele Mythen ranken sich um diesen Baum.

NATÜRLICH SCHÖN UND INTERESSANT

Die Natur live wahrzunehmen ist ein faszinierendes Erlebnis. Oder anders gesagt: Das Wunderbare wird in der Einfachheit zum wahren Luxus. An Naturschönheiten mangelt es in Klagenfurt wahrlich nicht. Die Natur versteht in jeder Hinsicht zu beeindrucken, ob im Zentrum oder am Stadtrand. Bei einem Streifzug lässt sich viel entdecken. Die hier präsentierten Beispiele sind nur eine kleine Anregung.

2 Gletscherschliff [Zillhöhe]   Mit einem herrlichen Ausblick über den Wörthersee wird jeder belohnt, der den Aufstieg vom Europapark aus (Gehzeit etwa eine halbe Stunde) geschafft hat. Bemerkenswert ist auch der Ort mit dem Gletscherschliff auf dieser Kuppe – aufgebaut aus quarzitreichem Phyllit.

3 Schillereiche [Schillerpark]   1905 – anlässlich des 100. Todestages des Dichters, Philosophen und Historikers wurde im Schillerpark die Stieleiche gepflanzt und hat mittlerweile eine bemerkenswerte Größe erreicht. Der Gedenkstein wurde am 25. Oktober 1905 gesetzt.

1 Überraschende Pracht [Stauderplatz]   Blüten und Schnee. Die milden Sonnenstrahlen verführten schon zum Blühen, doch plötzlich streckt der Winter seine klammen Finger aus. Doch der Frühling lässt sich nicht verschrecken und beruft sich auf sein jahreszeitliches Privileg. Der Betrachter ist verzaubert und genießt staunend die wunderbaren Veränderungen. Die Jahreszeiten beginnen meteorologisch und astronomisch zu unterschiedlichen Zeiten. Foto: Werner Zabukovec (1)

DAS STAUNEN FINDET ZU JEDER JAHRESZEIT STATT

Klagenfurt ist einzigartig. Zu jeder Jahreszeit. Abseits der Sehenswürdigkeiten gibt es noch viel zu entdecken. Es muss ja nicht immer das Große sein, vielmehr können auch Augenblicke bei einem Spaziergang durch Klagenfurt große Freude bereiten. Entsprechende Aufmerksamkeit natürlich vorausgesetzt.

2 Frühling [Astronomischer Frühlingsbeginn 21./22. März bis 20. Juni]   Weiden gehören im Frühling zu den ersten blühenden Bäumen und Sträuchern. Am liebsten wachsen sie entlang von Bach-, Fluss- und Seeufern.
3 Sommer [Astronomischer Sommerbeginn 21. Juni bis 21./22. September]   Wildblumenwiesen, Hecken, naturnahe Waldränder und Flussuferbegleithölzer sind wichtig für die Artenvielfalt – auch für die Schmetterlinge.
4 Herbst [Astronomischer Herbstbeginn 22./23. September bis 20./21. Dezember]   Die Tage werden kürzer, die trockenen Blätter fallen von den Bäumen und die Herbstwinde „spielen" dann mit dem Laub.
5 Winter [Astronomischer Winterbeginn 21./22. Dezember bis 19./20. März]   Verschneit liegt rings die Welt, verlassen ragt ein Baum über die Dächer und versucht offenbar, mit dem Kirchturm zu konkurrieren.

1 Glan [Klagenfurt]   Die Glan entspringt in den Ossiacher Tauern. Sie „streift" Feldkirchen, fließt durch das Glantal, St. Veit an der Glan und schließlich über das Zollfeld nach Klagenfurt, wo sie an der Nordseite der Stadt vorbeifließt. Die Bezeichnung „Glan" kommt aus dem Keltischen und bedeutet „hell, glänzend, klar und fließend".

5 Glanfurt/„Sattnitz" [Klagenfurt]   Unweit des Abflusses der Glanfurt in der Ostbucht des Wörthersees südlich der Halbinsel Maria Loretto gibt es mehrere Boots- und Badehäuschen, die von der Brücke der Süduferstraße gut zu sehen sind. An der Brücke befindet sich auch die Seeschleuse. Der einzige Abfluss des Wörthersees hat eine Länge von 8,80 Kilometer.

ERHOLUNGS-RÄUME AN DEN FLÜSSEN

Die Glan fließt in Klagenfurt in west-östlicher Richtung. Die Glanfurt (im Volksmund auch „Sattnitz") entwässert den Wörthersee in die Glan, die in die Gurk mündet. Glan und „Sattnitz" sowie deren Uferbereiche werden als Erholungsraum genutzt. Mit den Kleingärten, Badeplätzen, Liegewiesen wie auch Spazier- und Radwegen ist Einzigartiges entstanden.

2 Schrebergarten [Glanufer]   Erholung und Natur sowie ein kleines eigenes Stück Land, wo nach dem Vorbild alter Bauerngärten Obst und Gemüse angebaut werden. Gepflegte Rasen und Zierpflanzen sind hier aber ebenfalls zu finden.

3 Glanpark der Landeshauptstadt Klagenfurt [Nordseite des Klinikums]   In den Jahren 2005 und 2006 wurde in Verbindung mit der Verlegung der Glan ein neues städtisches Naherholungsgebiet geschaffen: Bäume, Bänke und eine Wiese sowie Spielgeräte für die Kleinsten zeichnen den Glanpark aus.

4 Flusslauf [Nordosten der Landeshauptstadt]   Die Glan zeigt sich die meiste Zeit sehr „friedlich". Bei Regenwetter schaut es oft anders aus. Das Flussbett ist aber so ausgelegt, dass nichts passieren kann.

1 Radweg [Lendkanal]   Die wohl meistbefahrene Radstrecke ist die entlang des Lendkanals vom Lendhafen bis zum See. Sie ist etwa vier Kilometer lang. Unter den Schatten spendenden Bäumen gelangt man von der Innenstadt direkt an den Wörthersee. Entlang der Wasserstraße im Bereich der Tarviser Straße sind viele Villen (Biedermeier, Jugendstil, deutscher Heimatstil) zu bewundern. Die Verbauung stammt aus dem 19. Jahrhundert.

2 Radweg [Klagenfurter Innenstadt]   Die Stadt und die Sehenswürdigkeiten mit dem Rad kennenlernen, oder problemlos zum Einkaufen radeln? Mit dem Drahtesel ist man immer flexibel unterwegs und hat auch noch Zeit, die Umgebung zu betrachten, ob im Zentrum oder in den Parks am Ring.

AUF ZWEI RÄDERN DIE VIELFALT ENTDECKEN

Radeln ist angesagt in Klagenfurt. Viele nutzen das Rad, um damit zum Arbeitsplatz zu kommen oder Besorgungen zu erledigen. Es ist aber ein besonderes Vergnügen, die Stadt und gerade mit dem Fahrrad zu entdecken. Das Radwegenetz erstreckt sich auf rund 130 Kilometer – vom Zentrum bis zum Wörthersee und rund um die Stadt.

3 Radweg [im Norden von Klagenfurt]   Entlang der Glan sind vielfach an beiden Ufern gut ausgebaute Radwege angelegt. Tipp für eine Radtour: Start in St. Veit, dann entlang der Glan vorbei beim Herzogstuhl, Besichtigung des Maria Saaler Domes und weiter bis zur Landeshauptstadt Klagenfurt.

4 Radweg [im Süden von Klagenfurt]   Wiesen, Felder und das Ufer der Glanfurt (im Volksmund „Sattnitz") sowie der Blick auf die Karawanken als Begleiter. Mit dem Rad erlebt man die Natur ganz anders als mit einem motorisierten Fahrzeug.

5 Radweg [im Süden von Klagenfurt]   Spazierend oder mit dem Rad ein wunderschönes und romantisches Stück Klagenfurt kann hier im wahrsten Sinne des Wortes erfahren werden.

1 Gewitter [Neuer Platz] Es gibt kein schlechtes Wetter, es gibt nur falsche Kleidung. Wer einen Schirm zur Hand hat, lässt sich selbst bei starkem Regen nicht vom Weg abbringen. Bei Schönwetter werden die Bänke unter dem „grünen Schirm" der 65 Platanen frequentiert, so sind sie während des Regens meist verwaist. Nur der Lindwurm ist resistent gegen das Wasser von oben und hat schon viele Regentage miterlebt. Der Neue Platz wurde rechtzeitig vor der Fußball-Europameisterschaft 2008 saniert. Architekt Boris Podrecca – er hat beispielsweise Plätze in Venedig, Cormòns und Piran gestaltet – hat gemeinsam mit der Klagenfurter Stadtplanung für die Neukonzipierung gesorgt. Eine Platz-„Besichtigung" bei Regen ist auch sehr interessant.

REGEN BRINGT SEGEN – AUCH FÜR DIE STADT

Ja, es regnet auch in Klagenfurt. Und das ist gut so. Wenn im Sommer die nassen Tropfen vom Himmel fallen, dann ist es meist eine willkommene Abkühlung. Zu Hause sitzen die Klagenfurter aber trotzdem nicht, ganz im Gegenteil. Bei einem Spaziergang – ob bei Tag oder spät am Abend – präsentiert sich die Stadt in einem ganz anderen Licht.

2 Regen im Park [Stadtgraben]   Geheimnisvoll-idyllisch präsentiert sich der Stadtgraben, das satte Grün wird vom Wind gezaust und die Baumwipfel verschwinden regelrecht im Regennebel. Doch das Getöse dauert nicht lange. Die Wolken lichten sich alsbald, der Himmel zeigt sich wieder in seinem wunderschönen Blau und die Sonne scheint kräftig vom Himmel.

3 Nachtbummel [Kramergasse]   Schaufensterbummel einmal anders: mit entsprechendem Schuhwerk und Regenbekleidung. Während man vom Regen begleitet wird und das Schaufensterlicht und die Leuchtreklamen die Nacht erhellen, tut auch die frische Luft gut. Ungefähr um 1800 gab es erste überdachte Straßen mit Geschäften, sogenannte Passagen, wo die Menschen spazieren und sich die Waren ansehen konnten. Ob und wo das in Klagenfurt der Fall war, konnte nicht eruiert werden.

1 St. Martin [im Westen von Klagenfurt]   Das Dorf wird bereits zu Beginn des 13. Jahrhunderts erstmals erwähnt. Das alte Ortszentrum mit der Kirche und dem Kirchenfriedhof, der vor einigen Jahren wieder seine Funktion bekam, haben noch einen dörflichen Charakter. Die Kirche mit dem barocken Zwiebelhelm prägt das Landschaftsbild des Ortes. Die Kirche selbst ist im Kern ein gotischer Bau aus dem Jahre 1384. Dieses einstige kleine Bauerndorf hatte bis 1938 eine selbstständige Gemeindeverwaltung. Seit der Eingemeindung ist St. Martin ein Teil von Klagenfurt. Obwohl nicht sehr weit vom Stadtzentrum entfernt, trifft man an allen Ecken auf die bäuerliche Ursprünglichkeit: Wiesen, Wald, Obstbäume – ein typisches ländliches Ambiente.

LÄNDLICHE IDYLLE UNWEIT VOM ZENTRUM

Die Symbiose von Stadt und Land ist für Klagenfurt ein wesentliches Identitätsmerkmal. Die Grenzen sind unscharf – gerade das ist aber das Besondere. Im Stadtteil St. Martin, vom Zentrum zu Fuß relativ leicht erreichbar, ist die typische ländliche Idylle präsent. Die dörflichen Strukturen sind noch vorhanden und zeugen von hoher Lebensqualität. Der Hahn passt noch auf die Hühner auf.

1 Fronleichnamsprozession [Domkirche und Stadthauptpfarrkirche]   Das Hochfest des Leibes und Blutes Christi feiert alljährlich der Diözesanbischof mit Hunderten von Gläubigen, darunter Vertreter des öffentlichen Lebens, der Vereine und Verbände. Die Fronleichnamsfeier wird vom Diözesanbischof bei Schönwetter auf dem Domplatz zelebriert. Die anschließende Prozession führt durch die Klagenfurter Innenstadt bis zur Stadthauptpfarrkirche St. Egid, wo der Bischof die sakramentale Schlussandacht hält. Das Wort „Fronleichnam" kommt aus dem Mittelhochdeutschen (vron = Herr, lichnam = lebendiger Leib) und bedeutet „Lebendiger Leib des Herrn." Unter Papst Urban IV. wurde Fronleichnam zum allgemeinen Kirchenfest.

FRONLEICHNAMSPROZESSION

Beim Fronleichnamsfestzug bezeugen die Katholiken ihren Glauben an die Gegenwart Jesu im Sakrament der Eucharistie. Die katholische Kirche feiert seit etwa 750 Jahren das Fest Fronleichnam. In der Prozession wird die konsekrierte Hostie in einem Schaugefäß, der Monstranz, mitgetragen.

1 Ostermarkt [Neuer Platz]   Der traditionelle Ostermarkt mit Marktkaufleuten, Direktvermarktern, Schaustellern und Gastronomen findet auf dem Neuen Platz statt. Das Angebot ist vielfältig und reicht von der gestickten Weihdecke, die bei der Osterspeisensegnung über den Weihkorb gelegt wird, bis zu den Ostergeschenken. Natürlich fehlen auch die regionalen Köstlichkeiten aus Küche und Keller nicht. Blumenarrangements bilden den Rahmen für die vorösterliche Stimmung.

DIE ZEIT UM OSTERN UND DEN ADVENT

Geschichte und Brauchtum werden von Generation zu Generation weitergegeben und auch heute noch gepflegt. Traditionsbewusstsein und Religiosität sind wesentliche Elemente, die rund um die kirchlichen Feiertage wie Weihnachten und Ostern eine besondere Bedeutung haben. Die Märkte auf dem Neuen Platz sind sehr beliebt und haben auch einen christlichen Bezug.

2 Zauberhafter Adventmarkt [Neuer Platz]   Der traditionelle Weihnachtsmarkt auf dem Neuen Platz ist während der Adventzeit ein wahrer Besuchermagnet für Einheimische und Gäste. Von Geschenksideen über Kunsthandwerk sowie regionalen Köstlichkeiten, Glühwein und Punsch wird hier alles geboten. Die Vorfreude auf das schönste Fest im Jahr liegt buchstäblich in der Luft. Auch auf dem Platz vor der Domkirche findet ein beschaulicher Christkindlmarkt statt.

1 Altstadtzauber [Zentrum von Klagenfurt] Der Altstadtzauber der Stadtrichter zu Clagenfurth ist mittlerweile zu einem traditionellen Fest in der Landeshauptstadt geworden und zählt zu den größten. Im wahrsten Sinne des Wortes ist dieses zauberhafte Fest für alle Sinne – zum Hören, Staunen, Lachen, Essen – ein Fest für Jung und Alt. Ein abwechslungsreiches Musik- und Kleinkunstprogramm spielt sich auf mehreren Bühnen und auf den Plätzen ab – in der Innenstadt verteilt.

IMMER VIEL LOS UM DEN LINDWURM

Aus dem breit gefächerten Spektrum an Veranstaltungen in Klagenfurt können nur einige Höhepunkte herausgehoben werden. Mit Liebenswürdigkeit und Charme werden die Besucher empfangen und dazu animiert, sich über die schönen Dinge des Lebens zu freuen. Am besten ist es, wenn man eintaucht ins Gewirr des historischen Altstadtzentrums und versucht, die Lebendigkeit zu erspüren.

2 Floh- und Tandlermarkt [Zentrum von Klagenfurt]   Alljährlich im August findet in Klagenfurt der traditionelle Floh- und Tandlermarkt am und rund um den Domplatz statt. Von Freitag früh bis Samstag Mittag ist dieser Markt ein Anziehungspunkt für Liebhaber alter und seltener Dinge. Nicht nur Aussteller und Sammler treffen sich hier. Einzigartig ist auch die Atmosphäre, die diesem Flohmarkt eine ganz besondere Note verleiht. Es gibt kaum etwas, das man hier nicht findet. Für Kinder sind eigene Flächen reserviert.

1 Klagenfurter Altstadtlauf [Innenstadt]   Bewegung und Sport bereiten Freude und sind eine wesentliche Basis für die Gesundheit und Fitness. Die Klagenfurter Innenstadt wird jedes Jahr zu einem Lauferlebnis der besonderen Art. Verschiedene Bewerbe bieten allen Läufern die Chance, die richtige Distanz zu wählen. Die Strecke führt durch die Altstadt von Klagenfurt. Das Teilnehmerfeld ist jedes Mal beeindruckend. Nicht der Gedanke an Spitzenleistungen soll dabei im Vordergrund stehen, sondern der Spaß an der Bewegung.

2 United World Games [Wörthersee-Stadion, Klagenfurt]   Die Spiele zählen zu den populärsten Jugendsportevents Europas. Junge Menschen aus der ganzen Welt in mehr als 400 Teams messen sich in den Sportarten Fußball, Handball, Basketball, Feldhockey, Orientierungslauf, Schwimmen … Zentrum der Spiele ist das Wörthersee-Stadion. Sport, Spaß und spannende Turniere gibt es beim „Tag des Sports" auf dem Neuen Platz.

3 **Kärnten Läuft – Kleine Zeitung** [Wörthersee-Halbmarathon]   Das sommerliche Laufevent ist aufgrund von zahlreichen Bewerben und einem attraktiven Rahmenprogramm ein einmaliges Lauferlebnis für die ganze Familie. Die Kurzdistanzen starten in der „Running City" direkt am Wörthersee. Der Halbmarathon startet in Velden und der Viertelmarathon „Laufen & Walking" am Monte-Carlo-Platz in Pörtschach. Zielort ist Klagenfurt/Strandbad. Ein umfangreiches 3-Tages-Rahmenprogramm findet rund um die Veranstaltung statt. Das einzigartige Ambiente entlang des Wörthersees begleitet die Läufer. „Kärnten Läuft" hat bereits Internationalität, denn mehr als die Hälfte der Teilnehmer kommen nicht aus Kärnten, darunter viele Topläufer.

1 Ironman Austria Kärnten [Strandbad]   3,8 Kilometer Schwimmen, 180 Kilometer Radfahren und zum Abschluß 42,4 Kilometer Laufen entlang des Sees und durch die Klagenfurter Innenstadt. Das alles in weniger als 17 Stunden. Rund 3000 Athleten aus 60 Nationen stellen sich jedes Jahr dieser Herausforderung. Der Startschuss erfolgt um 6.40 Uhr. Eiserne Disziplin, ausgezeichnete Fitness und eine hervorragende mentale Stärke sind Grundvoraussetzungen, um ein Ironman-Athlet zu sein. Die Teilnahme am Ironman Austria in Klagenfurt am Wörthersee hat für viele Teilnehmer eine ganz besondere Bedeutung. Der Ironman Austria zählt zweifellos zu den schönsten Wettbewerben der Welt. Entlang der Renn- und Laufstrecke sind mehr als 100.000 Zuschauer, die die Athleten anspornen.

1 Bachmann-Preis [Klagenfurt]   Der Ingeborg-Bachmann-Preis wird seit 1977 jährlich verliehen und gilt als einer der wichtigsten literarischen Auszeichnungen im deutschsprachigen Raum. 1976 hat die Stadt Klagenfurt im Gedenken an die Schriftstellerin Ingeborg Bachmann diesen Preis gestiftet. Die Idee dazu kam vom Journalisten Hubert Fink und dem damaligen Kärntner ORF-Landesstudio-Intendanten Ernst Willner. Sie wollten nach dem Vorbild der Gruppe 47 eine Literaturwoche initiieren. Daraus entstanden die „Tage der deutschsprachigen Literatur". Veranstaltungsort ist das ORF-Theater in Klagenfurt.

2 World Bodypainting Festival [Goethepark]   Eines der buntesten Events weltweit findet in Klagenfurt mit rund 1500 Teilnehmer aus 50 Nationen statt. Internationale DJs und musikalische Top-Acts geben diesem farbenfrohen Fest den passenden Soundtrack.

3 Krampuslauf [Klagenfurt]   Tausende Zuschauer strömen nach Klagenfurt und säumen die Straßen (Bahnhofstraße und Alter Platz), wenn die Perchten mit lautem Glockengeläut beim Krampuslauf für Begeisterung und ein wenig auch für gruselige Stimmung sorgen. Die Stadt bietet dazu eine atemberaubende Kulisse. Die imposanten und Furcht einflössenden Krampusse, der weißbärtige Nikolaus und Engerl sowie Perchten ziehen für ein paar Stunden die Tausenden Zuschauer für ein paar Stunden in ihren Bann. Die handgeschnitzen Holzmasken mit heraushängenden Zungen und Hörnern wurden mit viel Liebe hergestellt. Jeder Krampus hat ein dickes Fell, Ketten und Glocken – meist kommt er lärmend daher. Das Getöse und Geläute sowie Gebrüll liegen dann für einige Stunden über der Stadt und sorgen für eine mystische Stimmung.

1 Traditionsreich [Stauderplatz]   Mit Musik ein Lebensgefühl transportieren und auf diese Weise Situationen vermitteln, welche mit Worten kaum ausgedrückt werden können.

2 Kultig und einzigartig [Alter Platz]   Musik verbindet, führt Menschen unterschiedlicher Herkunft und jeden Alters zusammen und spiegelt wie kaum ein anderes Medium den Zeitgeist wider.

3 Bühnenauftritt [Pfarrplatz]   Stille Lieder, rockige Grooves oder einfach ins Ohr gehende Melodien liegen über dem Platz. Man bleibt stehen, lauscht, nimmt teil, hört zu und schenkt den Musikern die Aufmerksamkeit.

4 Mitten im Leben [Domgassner]   Es muss nicht immer eine Bühne sein, um musikalisch mit den Menschen ins Gespräch zu kommen. Das passiert in Klagenfurt an den unterschiedlichsten Orten.

AUSDRUCK VON FREUDE INMITTEN DER STADT

Ausgelassene Stimmung in Klagenfurt. Das lässt sich am besten mit einer Mischung aus Musik und südlicher Lebensfreude sowie einer Begegnung mit Situationen, die schon mancherorts abhanden gekommen sind, beschreiben. Oft sind es gerade die kleinen Ereignisse, die das Leben mit mehr Freude bereichern und es genussvoll werden lassen.

5 **Werklmann** [Alter Platz]   Die „Musik auf Rädern" ist in Klagenfurt mit unterschiedlichen Darbietungen bekannter Melodien immer wieder zu hören. Der Drehorgelspieler (Werkelmann) dreht an der Kurbel und setzt damit ein Steuersystem im Inneren des Instruments in Bewegung. Straßenmusiker und Gaukler benutzen die Drehorgel bereits seit Beginn des 18. Jahrhunderts in vielen Ländern Europas. Das Prinzip dieses Instruments entspricht dem einer stationären Pfeifenorgel. Lochbänder dienen als Programmträger.
6 **Straßenmusiker** [Kramergasse]   Musizierender Stammgast in der Klagenfurter Innenstadt.
7 **Zeit für eine Pause** [Artnerpark]   Auch auf die tieferen Tonlagen kommt es beim gemeinsamen Musizieren an. Wenn aber einmal Pause angesagt ist, dann kann das Blechblasinstrument ruhig mal weggelegt werden.

1 Mathis-Orgel [Domkirche]   Bei zahlreichen Konzerten stellt die Orgel, ein Meisterwerk der Firma Mathis/Näfels, Schweiz, mit ihren 45 Registern ihre großartige Klangfülle unter Beweis. Internationale Starorganisten schätzen dieses 1986 gebaute Instrument besonders. Das Gehäuse ist in barockem Stil gehalten. Im Sommer findet in der Domkirche das „Festival Musica Sacra" statt.

2 Militärmusik Kärnten [Klagenfurt, Khevenüller-Kaserne]   Die Anfänge der Militärmusik Kärnten gehen bis ins Jahr 1956 zurück. Längst hat sich der Klangkörper national und international einen ausgezeichneten Ruf erworben und nimmt vielschichtige Aufgaben als Militärmusik und Konzertblasorchester bei feierlichen Anlässen der Republik Österreich, des Landes und des Bundesheeres wahr. Die Festkonzerte werden von Blasmusikkennern hoch geschätzt. *Foto: Mil-Musik*

EINTAUCHEN IN EIN KLANGERLEBNIS

Gesang, Tanz und Musik – für die Menschen in Klagenfurt ist das ein Ausdruck besonderer Lebenskultur. Kärnten gilt weithin als Land der Lieder, Land der Sänger sowie Musiker und verdankt seinen Ruf einer Tradition, die bereits weit zurückliegt. 1485 hat Paolo Santonino in seinen Reisetagebüchern davon berichtet. Ob Klassik, volkstümliche Musik, Pop, Rock oder Jazz – Musik ist grenzenlos.

3 Singkreis Seltenheim Klagenfurt [Klagenfurt]   1967 als „Volksliedchor Seltenheim" gegründet, wurde der rund 50 Sängerinnen und Sänger aus unterschiedlichen Teilen von Kärnten umfassende Chor in „Singkreis Seltenheim Klagenfurt" umbenannt. Das Repertoire des Chores umfasst Madrigale aus der Renaissance, Motetten des Barock und der Romantik, internationale Volkslieder, A-cappella-Literatur aus der Unterhaltungsmusik, Spirituals, große Chor-Orchester-Werke und das tradierte heimatliche Liedgut, das Kärntnerlied. *Foto: R. Obervolina*

4 Musikforum Viktring [Stift Viktring]   Im ehemaligen Zisterzienserstift Viktring ist das Musikgymnasium angesiedelt. Das „Musikforum", eine Fortsetzung des 1. Improvisationsfestivals unter Friedrich Gulda, ist heute ein weltweit anerkanntes Forum für Klassik, Jazz, Elektronik, Komposition. Künstlern wie Christoph Cech, Michael M. Kofler, Wolfgang Puschnig oder Benjamin Schmid ist dieser ausgezeichnete Ruf zu verdanken. Der Gustav-Mahler-Kompositionspreis der Stadt Klagenfurt zieht Komponisten aus der ganzen Welt nach Viktring.

1 Tracht [Kärntner Anzug]   Der Kärntner Anzug mit den Farben Haselnuss- bzw. Kastanienbraun wurde 1911 vom Villacher Maler Professor Leopold Resch auf der Basis älterer Trachten aus dem Kanaltal entworfen. Im selben Jahr wurde noch per Dekret der Kärntner Landesregierung die offizielle Landestracht für Männer eingeführt. *Foto: Kärntner Heimatwerk, www.heimatwerk-kaernten.com.*

2 Tradition [Festtagstracht]   Trachten werden stets aus edlen Materialien gefertigt und bei unterschiedlichen Feierlichkeiten wie Bällen, Hochzeiten oder Umzügen usw. getragen. Tracht wird heute auch als Brücke zwischen dem Gestern und dem Heute interpretiert.

TRADITION UND BRAUCHTUM

Bei festlichen Anlässen ist in Klagenfurt eine Vielfalt an Trachten zu sehen. Dadurch wird deutlich signalisiert, dass auf gelebte Kultur und Tradition Wert gelegt wird. Das G'wand definiert auch die Zugehörigkeit zu einer bestimmten Region. Traditionelle Trachten haben einen alten Ursprung, werden mit Stolz getragen und von Generation zu Generation weitergegeben.

3 Bürgerfrauen [Klagenfurt]   Die Klagenfurter Bürgerfrauen tragen Kleider aus reiner Seide, wobei die Farbe jede Dame selbst wählen kann. Kragen und Rocksaum sind mit Absteppungen versehen. Eine wertvolle Goldhaube, Spitzenhandschuhe, ein weißes Einlegetuch und ein Pompadour sowie ein Blumensträußchen komplettieren die Tracht. Der Verein der Klagenfurter Bürgerfrauen wurde 1954 von Erna Weinländer, Maria Czernowsky, Maria Speiser und Anna Zwick mit dem Grundgedanken der Erhaltung der Tradition, bürgerlicher Werte und des karitativen Wirkens gegründet. Der Gründungsgedanke geht auf Maria Stauder, einer wohltätigen Klagenfurterin, zurück, die eine großzügige Stiftung einrichtete bzw. ihr Testament zugunsten verarmter Klagenfurter Bürger im Jahre 1854 aufsetzte. Die Bürgerfrauen unterstützen viele Projekte.

1 Wörthersee-Stadion [Stadtteil Waidmannsdorf]   Das erste Stadion wurde 1960 in Waidmannsdorf errichtet und im Laufe der Zeit sogar für eine Kapazität von 10.000 Zuschauern ausgebaut. Für die Fußball-Europameisterschaft 2008 bekam auch Klagenfurt als Spielort den Zuschlag. Das alte Stadion wurde deshalb abgerissen. Das Architekturbüro Wimmer erhielt den Auftrag zur Planung der neuen und für 30.000 Zuschauer konzipierten Spielstätte. Die Fertigstellung erfolgte 2007. Mit dem Freundschaftsspiel Österreich gegen Japan wurde das Stadion eröffnet. Das Spiel endete 0:0. Ein glanzvoller Höhepunkt waren dann die drei Spiele der Gruppe B anlässlich der Euro 2008 in Klagenfurt: Deutschland – Polen 2:0, Kroatien – Deutschland 2:1, Polen – Kroatien 0:1. Der dazugehörende Sportpark umfasst auch Österreichs größte Multifunktionshalle.

SPORTLICHES KLAGENFURT UND DAS VEREINSLEBEN

Klagenfurt bietet für Vereins- und Hobbysportler zahlreiche Möglichkeiten. Über 270 Sportvereine unterschiedlicher Sportarten sind in der Stadt angesiedelt. Sportler von internationalem Format haben ihre Wurzeln in Klagenfurt. Beispielsweise, Stefan Koubek (Tennis), Jutta Knoblauch (Skirennläuferin), Michaela Tupe-Trar (Rudern), Jasmin Ouschan (Poolbillard) …

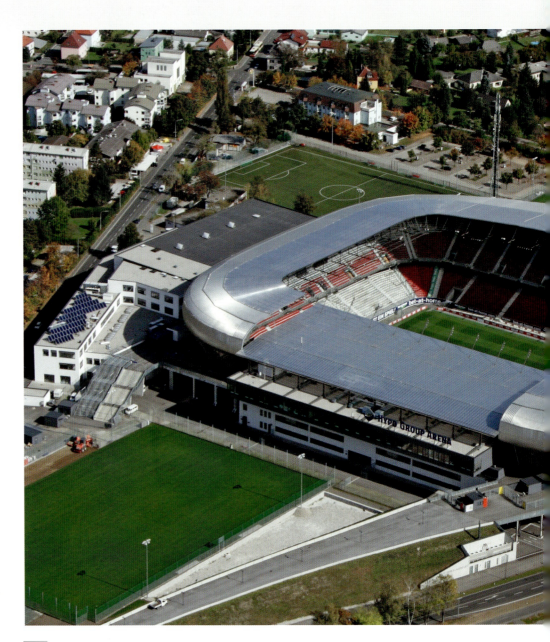

2 **EC KAC** [Stadthalle]   Der Klagenfurter Athletiksport Club kann auf eine traditions- und erfolgreiche Geschichte zurückblicken. Gegründet wurde der Verein am 18. September 1909 und seit 1923 wird Eishockey gespielt. Der KAC-Spieler Reinhold „Reinke" Egger wurde als erster Spieler aus Klagenfurt ins Nationalteam einberufen. 1959 spielte der EC KAC erstmals in der Stadthalle Klagenfurt; sie ist bis heute der Spielort für die KAC-Spiele. Der KAC ist mit 30 Titeln österreichischer Eishockey-Rekordmeister. 1933/1934 gewann er den ersten Meistertitel. Seit der Bundesligagründung 1965 gehört der KAC durchgehend der höchsten Spielklasse in Österreich an. *Fotos (3): Gerd Eggenberger*

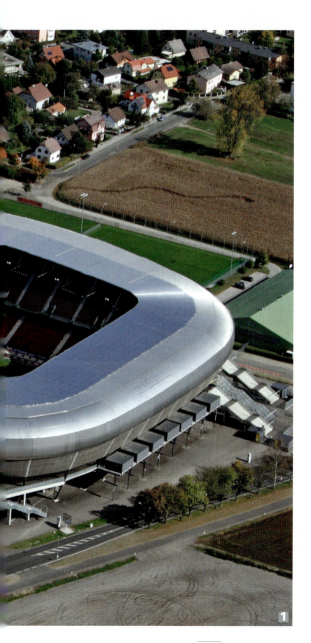

1 Golfanlage Klagenfurt-Seltenheim [Seltenheimer Straße Nr. 137]   Kaum hat man das verbaute Gebiet verlassen, kann man schon die Schläger auf der Golfanlage Klagenfurt-Seltenheim auspacken und im Herzen Kärntens auf der 27-Loch-Anlage sein Handicap verbessern. Sportliche Greens, sanft geschwungene Fairways und Gipfelgiganten in sicherer Entfernung – das zeichnet Seltenheim aus. Auf dem 18-Loch „Championship Course" werden Charakteristiken eines schottischen Links-Courses mit Elementen eines Parkland-Courses kombiniert. Ebenso spielt das Wasser von Loch 1 bis Loch 18 ständig mit – manchmal mehr, manchmal weniger, jedenfalls so, dass man nie vergisst, dass Kärnten das Bundesland der Seen ist. Der „Romantic Course" bietet mit seinen neun Löchern ein stressfreies, wunderschönes Aktivwerden in der Natur. Gegründet wurde der Golfclub Klagenfurt-Seltenheim im Jahre 1996. Saison: März bis Mitte November; Seehöhe: 480 bzw. 520 Meter.
Foto: GEPApictures Murhof Gruppe (Luftaufnahme).

1 **Robert Jessenig** [Klagenfurt]   Weltmeister und Olympiasieger (z. B. bei der Olympiade in Athen 2004) gewannen mit Segeln, die in Klagenfurt gefertigt wurden und zweifellos Maßstäbe setzten. Robert Jessenig hat 1978 sein Unternehmen gegründet. 96 Prozent der Segel – darunter auch Surfsegel – wurden exportiert. 2004 wurde der Betrieb mangels Nachfolge leider geschlossen.

2 **Thomas Bohrer** [Klagenfurt]   1901 wurde in Klagenfurt mit der Automobilproduktion unter dem Markennamen „Bohrer" begonnen. Nach Herstellung von acht Fahrzeugen endete die Produktion nach nur fünf Jahren. Das erste Auto wurde von einem Einzylindermotor von De Dion-Bouton mit vier PS angetrieben. Das Getriebe verfügte über zwei Gänge. Der Fahrzeugrahmen war aus Eschenholz. 1906 wurden in Österreich-Ungarn die Kfz-Kennzeichen eingeführt und das Fahrzeug erhielt die Kennung „F6". Bis 1947 war es in Betrieb. 2001–2003 wurde es unter Mithilfe von Thomas Bohrer-Bilowitzky restauriert. Zu sehen im Technikmuseum Historama Ferlach.

ERFINDER UND KÜNSTLER, DIE GESCHICHTE SCHRIEBEN

Die Geschichte von Klagenfurt ist voll von Persönlichkeiten, die in unterschiedlicher Form „ihre Spuren" in der Stadt hinterließen. Manche haben sich selbst durch ihr Wirken und aufgrund ihrer außerordentlichen Fähigkeiten in musischer oder bildnerischer Hinsicht oder mit ihrem Erfinderreichtum ein „Denkmal" gesetzt. Viel sind uns noch in Erinnerung.

3 Emanuel Herrmann [Klagenfurt]   Der gebürtiger Klagenfurter und Nationalökonom sowie Ministerialbeamter stellte 1869 seine Idee – „eine neue Art der Corrospondenz mittels der Post" – dem Handelsministerium vor. Auch die Zeitung „Neue Freie Presse" berichtete darüber. Dieser Vorschlag kam bei der Postverwaltung gut an. Bereits am 1. Oktober 1869 erschien die erste „Correspondenzkarte" mit aufgedruckter 2-Kreuzer-Marke. Die Kosten für einen Brief betrugen damals fünf Kreuzer. Herrmann ist am Meidlinger Friedhof in Wien beigesetzt. Auf dem Grabstein ist zu lesen: „Der Erfinder der Postkarte – Ministerialrat, Professor Dr. Emanuel Herrmann".

4 Vinzenz Rizzi [Alter Platz Nr. 10]   Als Publizist und Priester setzte er sich für die Gleichberechtigung der Völker, besonders für die Slowenen und Deutschen, ein. 1816 in Spittal/Drau geboren, starb Rizzi 1856 in Klagenfurt.

5 Kurt Schmidt [Neuer Platz Nr. 8]   Der Schüler von Arnold Clementschitsch und Willibald Zunk widmete sich Zeit seines Künstlerlebens der gegenständlichen Malerei. Seine Motive: Städte, Landschaften, Porträts, Tiere ...

1 Franz Xaver von Wulfen [Wohnhaus, Burggasse Nr. 5]   Eine Gedenktafel erinnert an den in Klagenfurt geborenen Franz Xaver Freiherr von Wulfen: „In diesem Hause wohnte und forschte bis zu seinem Lebensende der große Naturforscher Franz Xaver v. Wulfen (1728–1805). Nach ihm benannt: die Wulfenia, der Wulfenit."
2 Ingeborg Bachmann [Elternhaus, Henselstraße Nr. 26]   Text auf der Tafel an der Fassade: „Die bedeutende österreichische Schriftstellerin der Nachkriegszeit verbrachte in diesem Haus ihre Jugendzeit 1933–1945."
3 Switbert Lobisser [Lobisserweg Nr. 2]   Wohn- und Atelierhaus von Switbert Lobisser, 1933 nach Plänen von Karl Keller errichtet. Ein gemaltes Fries schmückt die Fassade. An den Ecken eingemauerte Römersteine.
4 Robert Musil [Geburtshaus, Bahnhofstraße Nr. 50]   Der Schriftsteller und Theaterkritiker verfasste Novellen, Dramen, Essays, Kritiken und zwei Romane. „Die Verwirrung des Zöglings Törleß" erschien 1906. Sein Hauptwerk, das zur Weltliteratur zählt, ist „Der Mann ohne Eigenschaften".

5 Dr. Friedrich Welwitsch [10.-Oktober-Straße Nr. 24]   Der weltbekannte Botaniker sowie Entdecker der „Welwitschia mirabilis" wurde am Tonhof in Maria Saal geboren und besuchte in Klagenfurt das Gymnasium.

6 Josef Valentin Kassin [Geburtstaghaus, St. Ruprechter Straße Nr. 69]   1873 holte der Bildhauer Franz Pönninger den begabten Kassin nach Wien. Für die Bronzegruppe Samson und Delila erhielt der Klagenfurter den Rompreis. Immer wieder arbeitete er auch an Aufträgen in Kärnten. Er ist am Friedhof St. Ruprecht begraben.

7 Herbert Boeckl [Geburtshaus, Viktringer Ring Nr. 11]   Der Maler Herbert Boeckl gilt als einer der bedeutendsten Vertreter der österreichischen Moderne. 1913 stellte er erstmals im Kunstsalon Pisko in Wien seine Arbeiten aus. In Klagenfurt war die Öffentlichkeit eher negativ eingestellt, so zog Boeckl nach Wien.

8 France Prešeren [Viktringer Hof, Paradeisergasse Nr. 2]   1800 in der Nähe von Bled geboren, schrieb Prešeren Liebes- und Naturlyrik. Großes Epos: „Die Taufe an der Savica". Deutschsprachiges Werk: „Das große Tor".

1 Alpen-Adria-Universität [Universitätsstraße Nr. 65–67]   Die AAU ist eine global vernetzte Forschungsinstitution, die als Drehscheibe für Wissenserwerb und Wissensaustausch in der gesamten Alpen-Adria-Region gilt. An der Alpen-Adria-Universität wird an vier Fakultäten und insgesamt 37 Instituten geforscht und gearbeitet. Die Forschungsleistungen der Universität entfalten nationale und internationale Sichtbarkeit. 1970 wird das Bundesgesetz über die Gründung der Hochschule für Bildungswissenschaften in Klagenfurt verabschiedet; 1973 Aufnahme des regulären Studienbetrieb; 1975 tritt das neue Universitätsorganisationsgesetz in Kraft; 1981 Partnerschaftsabkommen mit internationalen Universitäten; 1983 wird die Betriebswirtschaft und Informatik neu ausgerichtet; im Jahr 2000 erfolgt eine bauliche Erweiterung (Südtrakt) mit drei weiteren Hörsälen; Gründung der M/O/T; 2015 neue Ausbildung für Lehrer und Lehrerinnen; von 2016 bis 2018 umfangreiche Sanierungen.

BILDUNG UND AUSBILDUNG

Klagenfurt ist kärntenweit Schulstandort Nummer 1 mit Pflichtschulen, Allgemeinbildenden Höheren Schulen, Fachberufsschulen, Handelsakademien, Höheren Technischen Lehranstalten, einer Bundeslehranstalt für Mode und wirtschaftliche Berufe, mit einem Konservatorium, einer Fachschule für Gartenbau, einer Landwirtschaftlichen Fachschule, einer Pädagogischen Hochschule, einer Krankenpflegeschule und einer Fachhochschule, Universität . . .

2 Fachhochschule Technikum Kärnten [Primoschgasse Nr. 8]   Die Fachhochschule Kärnten mit dem Standort Klagenfurt hat sich als Kompetenzzentrum in den Bereichen Technik und Gesundheit ausgezeichnet positioniert und bietet eine praxis- und projektorientierte Ausbildung auf höchstem internationalen Niveau an.

3 Lakeside Science & Technology Park GmbH [Lakeside Nr. B 11]   Bildung und Unternehmensgründung sind die Schwerpunkte der Lakeside-Park-Philosophie: Forschen, entwickeln, arbeiten, lehren und lernen. Gemeinsam mit der Alpen-Adria-Universität, den Lakeside Labs und den Unternehmen ist der Fokus auf Informations- und Kommunikationstechnologie (u. a. IT-Services, Robotik, Umwelttechnologie, vernetzte Systeme) gerichtet. Lakeside B01–B10 mit einer Gebäude-Nutzfläche von 22.000 Quadratmetern wurde 2010 fertiggestellt. Lakeside B11 mit einer Gebäude-Nutzfläche von rund 8000 Quadratmetern folgte 2011.

1 Städtepartnerschaft [Kramergasse]   Die Mosaikwappen der Partnerstädte sind in der Kramergasse eingelassen. Das Wappenmosaik wurde von Franz Kaplenig gestaltet. Die älteste Partnerschaft verbindet Klagenfurt mit Wiesbaden. Kontakte gibt es mit dieser deutschen Stadt seit 1930. Seither sind 14 weitere Partnerstädte dazugekommen. Die Kramergasse ist die Verbindung vom Neuen zum Alten Platz und wurde 1961 zur autofreien Zone. Sie zählt zur ältesten Fußgängerzone Österreichs. Kurz darauf folgten die Wiener Gasse und der Alte Platz selbst. Einkaufen, flanieren und sich begegnen im historischen Ambiente ist zu jeder Jahreszeit besonders reizvoll.

PARTNER-SCHAFTLICHE STÄDTE-VERBINDUNG

Die Internationalität der Stadt Klagenfurt wird auch an den Städtepartnerschaften deutlich. Der kulturelle und wirtschaftliche Austausch mit diesen Städten hat einen besonderen Stellenwert und ist Garant für Verständnis, Toleranz und Frieden. Viele persönliche Freundschaften konnten geschlossen und damit Freunde in der Welt gewonnen werden.

2 Erinnerungstafel [Wiesbadener Straße]   An der Nordseite des Rathauses befindet sich die der Stadt Klagenfurt gewidmete Erinnerungstafel.

3 Flussstein-Mosaik [Wiener Gasse]   Steine aus drei Flüssen (Drau, Save, Isonzo) sind als Symbol für Freundschaft und Verbundenheit in die Pflasterung eingearbeitet – geschaffen 2006 vom bekannten Künstler Prof. Karl Brandstätter.

PARTNERSTÄDTE VON KLAGENFURT
- WIESBADEN (Deutschland) seit 1930
- GORIZIA (ITALIEN) seit 1965
- NOVA GORICIA (Slowenien) seit 1965
- GLADSAXE (Dänemark) seit 1969
- DESSAU (Deutschland) seit 1971
- DUSCHANBE (Tadschikistan) seit 1973
- DACHAU (Deutschland) seit 1974
- RZESZOW (Polen) seit 1975
- ZALAEGERSZEG (Ungarn) seit 1990
- SIBIU/HERMANNSTADT (Siebenbürgen/Rumänien) seit 1990
- NAZARETH/ILLIT (Israel) seit 1992
- CZERNOWITZ (Ukraine) seit 1992
- TARRAGONA (Spanien) seit 1974
- NANNING (Volksrepublik China) seit 2001
- LAVAL (Kanada) seit 2005

1 Gartenstadt [Klagenfurt]   Bunt, blütenreich und lebendig präsentiert sich Klagenfurt im öffentlichen wie auch im privaten Bereich. Der Wunsch der Menschen, in der Natur oder im Garten zu wohnen, ist in der südlichsten Stadt von Österreich besonders ausgeprägt. Die liebevoll gepflegten Blumen in den Vorgärten der Häuser sind ein sichtbarer Beweis, dass man in Klagenfurt einen besonderen Bezug zur Natur hat. Die Stadtgärtnerei gestaltet und pflegt mit großer Akribie die städtischen Grünanlagen – vom Rasen über Blumen bis hin zu den Sträuchern und Bäumen. Öffentliche Gebäude, Brunnen, Denkmäler, Ehrengräber usw. sind deshalb immer (außer in der kalten Jahreszeit) „geschmückt". Viele Menschen erfüllen sich aber auch ihren Traum vom eigenen Garten in einer Schrebergartenanlage oder auf dem Grundstück des Eigenheims.

KLAGENFURT UND IHR RUF ALS GARTENSTADT

Franz Wilfan war der Begründer des Verschönerungsvereins von Klagenfurt (1918) und auch viele Jahre der Obmann. In seiner Zeit entstanden viele Parkanlagen und Brunnen. Ihm ist es zu verdanken, dass Klagenfurt den Ruf einer Gartenstadt bekam. Wilfan schuf die Basis für eine Stadtentwicklung mit hoher Lebensqualität für die Bewohner wie auch die Gäste.

1 Weingut [**Südhang Klagenfurt am Wörthersee**]   Auf einer Seehöhe von 460 bis 480 Metern liegt am Südhang über dem Metnitzstrand der Weingarten („Ried Seewiese") der Landeshauptstadt Klagenfurt. Eine erste Bepflanzung erfolgte bereits 1974, wurde wegen mangelnden Ertrags in den Folgejahren aber gerodet. 2003 wurde zwischen Vinum Carinthiae und der Stadt Klagenfurt ein Pachtvertrag abgeschlossen und auf der 1,2 Hektar großen Fläche wurden in 47 Rebstockreihen 2635 Rebsetzlinge gepflanzt. Als Betreiber fungieren die Stadtwinzer, die Mitglieder des Weinbauvereins Vinum Carinthiae sind. Weißweinsorten Riesling, Chardonnay, Sauvignon blanc und Pinot blanc und auch die Rotweinsorten Blauer Zweigelt, St. Laurent, Merlot und Blauburger werden gekeltert.

WEINBAU IN KLAGENFURT

Weinbau hatte in Kärnten eine lange Tradition. Das Lavanttal, Sittersdorf, St. Georgen am Längsee St. Veit und Feldkirchen sowie Klagenfurt haben sich dieser Tradition in den letzten Jahren wieder erinnert. Im Westen der Stadt Klagenfurt liegt an einem sonnigen Hang unmittelbar über dem Wörthersee ein etwa 1,2 Hektar großes Weingebiet, auf dem über 2600 Rebstöcke gepflanzt sind.

1 Benediktinermarkt [Benediktinerplatz]   Köstlichkeiten direkt vom Erzeuger aus der Region bzw. von den benachbarten Regionen (Friaul und Slowenien) werden am Benediktinermarkt, dem bedeutendsten Markt in der Landeshauptstadt, angeboten. Wie einst ist der Marktplatz auch heute ein Ort, wo man sich trifft und unterhält, kulinarische Schmankerln verkostet und vom Gewürz über Gemüse und Fleisch bis zu den Arbeitsgeräten für Haus und Hof alles kaufen kann. Markttage sind immer Donnerstag und Samstag bis 13.30 Uhr. In beiden Hallen des Marktes kann täglich von 6.30 bis 18 Uhr (Mittwoch bis 13.45 Uhr) eingekauft werden.

MÄRKTE SIND MEHR ALS EIN HANDELSPLATZ

Märkte sind nicht nur Handelsplätze, wo verkauft und gekauft wird, sondern auch wunderbare Kommunikationszentren. Menschen unterschiedlicher Herkunft sind hier anzutreffen. Das bodenständige Warenangebot ist wohl auch der Grund, warum der Benediktinermarkt so faszinierend ist. Am Ursulamarkt bieten Händler allerei waren und Produkte, darunter Altbewährtes, an.

1 Ursulamarkt [Messegelände]   Den Ursulamarkt gibt es schon seit Jahrhunderten – inklusive Krämermarkt und Vergnügungspark. Der Markt findet immer statt, wenn der Herbst ins Land zieht. Der Krämermarkt wird seit dem Jahre 1304 abgehalten und ist beliebt als kommunikativer Treffpunkt mit einem ganz besonderen Einkaufserlebnis. Besucher aus der ganzen Region kommen, um die von den Händlern angebotenen Waren zu erstehen. Hier findet so ziemlich jeder etwas Neues, Interessantes oder auch Altbewährtes – vom Email-Topf bis zum handbetriebenen Fleischwolf, vom aus Weidenruten geflochetenen Korb bis zur warmen Unterhose . . .

2 Töpfermarkt [Neuer Platz]   Jeden Sommer bieten rund um den Lindwurm Töpfer und Keramiker aus unterschiedlichen Ländern Europas ihre selbst gefertigten Waren an – von der Schale, Vase oder vom Schmuck bis hin zu Dekorationsgegenständen sowie originellen Brunnen. Modernität ist in unserer Zeit stets präsent, umso mehr ist das Bedürfnis nach natürlichen Materialien gefragt. Vielleicht ist das auch eine Möglichkeit, mehr Lebensqualität und Individualität zu finden. Die inspirative Atmosphäre und die Möglichkeit, hier Freunde zu treffen, ein ausgefallenes Geschenk zu finden und das turbulente Treiben am Marktplatz zu genießen, ist ein Erlebnis, das man sich nicht entgehen lassen sollte.

1 **Restaurant Maria Loretto** [direkt am Wörthersee, Lorettoweg 54]   Das leise Plätschern der Wellen und eine leichte Brise sind wie die Begleitmusik zu einer unvergleichlichen Zeit, die man direkt am Ufer des Wörthersees verbringen kann. Dass dabei die Gedanken Segel setzen und in diesem Ambiente die Romantik einen eigenen Stellenwert bekommt, ist allein bei der Betrachtung des Fotos leicht nachvollziehbar. Ein À-la-carte-Platz, unvergleichlich schön, den es in dieser Form nur am Wörthersee gibt.

2 **Wispelhof** [Feldkirchner Straße]   1784 wurde hier erstmals Steinbier getrunken, das der Gastwirt Simon Lepuschitz (Winklerwirt) ausschenkte. Woher der Name Wispelhof kommt, ist nicht bekannt. 2014 wurde dieser Hof revitalisiert und das historische Gemäuer behutsam erweitert. Die Speisekarte: Neben den Klassikern der Altösterreichischen und Kärntner Küche werden auch in Vergessenheit geratene Speisen wie Paprikahendl, Beuscherl, gebratene Leber, Kalbskopf und vieles mehr serviert. *Foto: Wispelhof*

GASTLICHES KLAGENFURT

Die Kunst der Gastlichkeit wird in Klagenfurt in ganz unterschiedlicher Form zelebriert: an traumhaft schönen Plätzen, in Gaststätten, in welchen schon viele Generationen feierten und diskutierten, sowie direkt am Strand des Wörthersees. Charme und Nostalgie oder auch Moderne fließen dabei ein. Top-Qualität und regionale Produkte zählen vielfach zu den wichtigsten Zutaten.

3 Würstel-Prinz [Heuplatz]   Street Food & Würstel gibt es seit 2015 in der Landeshauptstadt. Neben Bosna und Hotdog gibt es saisonbedingt auch schnell zubereitete kulinarische Köstlichkeiten.

4 Gasthaus im Landhaushof [Landhaushof]   Wenn Essen und Trinken Genuss sein sollten, dann gehört auch der entsprechende Raum dazu. Lebensart, Kultur und Geschmack werden in einer einzigartigen Weise mit Historie und Moderne verwoben. Die Verbindung von Geschichte und Gegenwart spiegelt sich in den einzelnen Räumlichkeiten wider und demonstriert die unvergleichliche Atmosphäre.

5 New Amsterdam Bar [Badgasse]   Gemütlichkeit in einer der ältesten Gassen der Stadt. 1895 erwarb Jakob Elbl das Haus und etablierte eine Fleischerei und ein Gasthaus; 1932 kam die Pferdefleischhauerei dazu. 1957 wurde das Geschäft geschlossen und die Familie Elbel verließ das Haus. Einige Zeit war auch der Pferdefleischhauer Mrak Pächter. 1992 Eröffnung von Bierjokl/Pri joklnu; danach „raj", Seh:Bühne, New Amsterdam Bar.

1 **„Pumpe" – Gasthaus zum Glockner** [Lidmanskygasse Nr. 2]   Seit Jahrzehnten eine Institution. Das Bier, die Hausmannskost – speziell das Gulasch – sind empfehlenswert; ein echtes Kommunikationszentrum.

2 **Restaurant 7. Himmel** [Osterwitzgasse Nr. 12]   Kleine feine Speisenkarte. Fische, Calamari, Fleisch- und Nudelgerichte. Genuss und Freude stehen im Vordergrund. Der Chef kümmert sich mit Charme um seine Gäste.

3 **Restaurant Maria Loretto** [Lorettoweg Nr. 54]   Direkt am See gelegen, werden hochwertige Produkte in der Genussküche zu Köstlichkeiten verarbeitet: Fleisch- und Nudelgerichte, Fischgenuss aus dem Fischbassin usw.

4 **Benediktinermarkt** [Benediktinerplatz]   Schnell und gut: Marktstandl haben ein reichliches Angebot, das vom Würstl mit Senf, Kren oder Sauerkraut bis hin zu Käsnudeln und Fleisch- sowie Fischspezialitäten reicht.

5 **Gasthaus Pirker** [Adlergasse Nr. 16]   Lokal mit Tradition und gemütlichen Räumlichkeiten. Große Auswahl an Köstlichkeiten aus Kärnten. Küche von 10.00 bis 22 Uhr geöffnet. Alle Speisen auch zum Mitnehmen.

GUT ESSEN UND TRINKEN

Die Restaurants und traditionellen Gasthäuser in Klagenfurt sind Teil einer kulinarischen Lebensart, die teilweise ihre typische Bodenständigkeit, aber auch einen mediterranen Einschlag hat und auch von Internationalität geprägt ist. Neben Kärntner Kasnudeln und Wiener Schnitzel gibt es natürlich Pasta und Pizza sowie Spezialitäten aus der asiatischen, griechischen oder mexikanischen Küche und auch in Vergessenheit geratene Speisen.

6 Bierhaus zum Augustin [Pfarrhofgasse Nr. 2]   Hier ist immer etwas los. Das Ambiente ist heimelig, die Küche bodenständig mit Pfiff, dazu mehrere Biersorten, österreichische Weine und ausgesuchte Schnäpse.
7 Osteria dal Conte [Tabakgasse Nr. 4]   Italienisches Flair und original italienische Küche (Antipasti, Pasta, Risotti, klassische Fleisch- und Fischgerichte) mit großem Weinangebot.
8 Schweizerhaus [Kreuzbergl Nr. 11]   Über den Dächtern von Klagenfurt gelegen, mit herrlicher Aussicht auf die Stadt, werden saisonal bedingte regionale Köstlichkeiten mit Produkten von heimischen Bio-Bauern serviert.
9 Restaurant Dolce Vita [Heuplatz Nr. 2]   Kleines, aber besonders feines Bistretto. Hervorragend zubereitete Speisen von bester Qualität. Der Chef des Hauses kocht selbst und berät die Gäste über das vorhandene Angebot.
10 Restaurant Michelangelo [St. Veiter Straße Nr. 181]   Das Risotrante mit spezieller italienischer Atmosphäre besteht seit 1992. Serviert werden Pizzen, Pasta-, Fisch- und Fleischspezialitäten sowie auch Salate.

1 Konditorei Korbelius [Karfreitstraße Nr. 9]   Feinste Mehlspeisen nach traditionellen Familienrezepturen aus dem eigenen Konditoreibetrieb (seit 1938): Torten, Nougatröllchen, Eis …
2 Café DomGassner [Badgasse Nr. 7]   Eine Klagenfurter Institution und Treffpunkt. Das Angebot: ausgezeichneter Kaffee, Prosecco, feine Weine, köstlich belegte Brötchen, Imbisse …
3 Café am Platz [Neuer Platz Nr. 9]   Exquisite Getränkeauswahl, sonnige Terrasse direkt am Neuen Platz. Besondere Drinks und Kaffeekreationen (Träger der „Goldenen Kaffeebohne" von Jacobs).
4 Eis Café Alter Platz [Alter Platz Nr. 25]   Italienisches Flair in der Fußgängerzone. Große Auswahl an Eisbechern und italienischen Spezialitäten. Im Sommer schattiger Sitzgarten.
5 Theatercafé Cho-Cho-San [Theatergasse Nr. 9]   „Bühne" für Kulturschaffende und für viele Gäste ein erweitertes Wohnzimmer sowie Kommunikations-, Arbeits- und Inspirationsraum.

KAFFEE UND KUCHEN

Eine herzliche Atmosphäre, Köstlichkeiten aus der hauseigenen Konditorei, erfrischende Eiskreationen, variantenreiche heiße und kalte Getränke – das alles bieten in Klagenfurt die traditionellen Konditoreien, Cafés und Bistros. Es sind Orte, wo man sich trifft, zusammensitzt und genießt. Im Sommer sind die Eisdielen und Bars an den „Flaniermeilen" besonders begehrt.

6 Bäckerei & Café Wienerroither [Wienergasse Nr. 7]   Das gemütliche Café bietet kleine Gerichte und richtig guten Kaffee. Besonders beliebt: Kärntner Reindling, Dinkelprodukte und Krapfen.
7 Bäckerei Taumberger [Fleischmarkt Nr. 7]   Der Name steht für eine besondere Tradition (seit 1800). Vielfältiges Angebot nach alter Handwerkstradition. Besonderheit: Taumberger-Brotlaib . . .
8 Café-Konditorei Fahrnberger [Benediktinerplatz]   Qualität und guter Geschmack bietet Fahrnberger bereits seit 1935. Natürlichkeit und geschicktes Meisterwerk werden köstlich vereint.
9 Café Melange [St. Veiter Straße Nr. 73]   Klassische Kaffeehausatmosphäre und Terrasse. Feine Torten- und Patisseriekreationen, kleine Gerichte, hausgemachtes Eis. Großes Angebot an Zeitungen und Zeitschriften.
10 GiG Bar [Universitässtraße Nr. 104]   Täglich verwandelt sich das gemütliche Café zur coolen Lifestyle-Bar mit Lounge-Charakter. Aus der Karte können kleine Snacks, Kuchen und Torten sowie 60 Cocktails gewählt werden.

1 **Abendstimmung** [Villacher Ring/Villacher Straße/Stauderplatz]   In Farbe getaucht zeigen sich die Wolken. Die untergehende Sonne sorgt für dieses Bild. Entscheidend für eine perfekte Sonnenuntergangsaufnahme ist natürlich der Standort.

2 **Süße Spezialitäten** [Alter Platz Nr. 7]   Zuckerl und andere Süßwaren werden im Schaufenster von Zehrer präsentiert. Viele Variationen mit unterschiedlichen Geschmacksrichtungen und Farben werden angeboten. Groß ist die Auswahl für professionelles Backen. Auch schöne Kerzen für alle Anlässe findet man hier.

3 **Haus im Wiener-Ringstraßen-Stil** [Alter Platz, Richtung Westen]   Blick auf das Zentrum der mittelalterlichen Stadt. Im Osten des Alten Platzes steht ein prunkvoller Bau mit der Hausnummer 15 im Wiener-Ringstraßen-Stil. Er wurde 1870 nach Plänen der Wiener Architekten Wilhelm Heß und Rudolf Bayer errichtet.

NÄCHTLICHE STILLE ÜBER DER STADT

Jeder Tag geht einmal zu Ende. Ja, Klagenfurt kann auch still sein. Wenn sich die Nacht über die Stadt legt, gehen die Lichter an. Straßen, Gassen und Häuser erstrahlen in einem zauberhaften Glanz. Die beleuchteten Fassaden geben Klagenfurt einen einzigartigen Glanz und eine besondere Kontur. Sich auf die Details zu konzentrieren, fällt wesentlich leichter als zur Zeit des regen Treibens.

4 Altstadt [Passagen Herrengasse/Landhaushof]   Alte Bausubstanz wird liebevoll gepflegt. Wenn sich die Nacht ankündigt, gehen die Lichter an. Den vorbeigehenden Passanten bietet sich ein wunderbares Bild mit der natürlichen Blumendekoration um den Türrahmen.

5 Licht in der Schneelandschaft [Theaterplatz]   Es ist bereits Mitternacht. In so einer Winternacht sind kaum Menschen unterwegs. Nur das Licht durchdringt das Dunkel.

6 Weihnachtsbaum [Neuer Platz]   Die Lichter am Weihnachtsbaum sind noch an, aber auf dem Platz herrscht Ruhe. Der Duft von Weihrauch liegt noch in der Luft. Die Stadt einmal in so einer Zeit zu entdecken, sollte man sich nicht entgehen lassen.

1 Klagenfurt [Stadtansicht]   Mit dem Schenkungsakt übergab Kaiser Maximilian I. 1518 die Stadt den Landständen. Klagenfurt ist damit die einzige Landeshauptstadt von Österreich, dessen Entwicklung von den Landständen (Vertreter des im Land ansässigen Adels und der Geistlichkeit) bestimmt wurde. Im Laufe des 16. Jahrhunderts ließen die Landstände nach den Plänen des aus Italien stammenden dell'Allio die Stadt zur Festung ausbauen. Im Jahre 1649, als diese Darstellung entstanden ist, war die Stadt bereits von Mauern und Gräben umringt wie auf dem Kupferstich des bekannten Topographen Matthäus Merian zu sehen ist.

HISTORISCHE BILDCHRONIK

Eine historische Patina liegt wie ein Hauch auf den Bildern einer längst vergangenen Zeit und veredelt sie. Sie strahlen etwas Beruhigendes aus und sind auch Nachweis von beharrlichen Veränderungen. Dem Betrachter wird das Flair eines reichen Geschichtserbes vermittelt. Es sind Bilder, die immer wieder verzaubernd wirken. Eine liebevolle Kleinstadt, die sich schon immer geruhsam präsentierte.

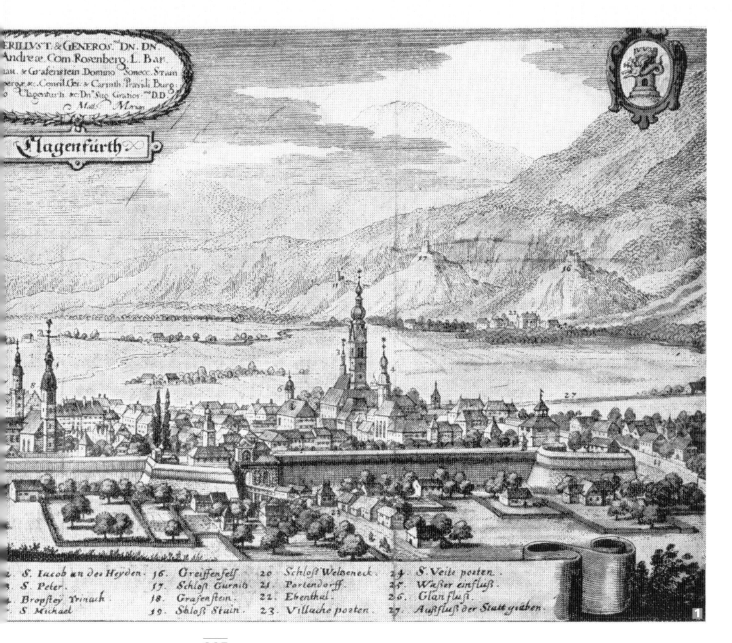

1 Villacher Tor [Villacher Straße]   Blick vom Stauderhaus nach Westen zum Villacher Ring. 1843, nachdem die Reste der alten Befestigungsanlage beseitigt wurden, war früher noch die Rede vom „Villacher Damm".

2 Alter Platz [Schnittpunkt des Straßenzuges Kramergasse/Wiener Gasse]   Die vom Burggrafen Wolf Sigmund Graf von Rosenberg gestiftete Johannes-Nepomuk-Säule, 1737 vom Laibacher Bildhauer Franz Robba errichtet, gibt es seit 1873 nicht mehr. Die Figuren befinden sich noch in der Domkirche in Klagenfurt.

3 Neuer Platz [Lindwurm und Maria Theresia]   Der Platz hieß einst „Galgentratte". Den Rainerhof auf der Nordseite gab es damals noch nicht. Ebenfalls einst an der Nordwestecke des Neuen Platzes: die Stadtwache.

4 Benediktinerplatz [Benediktinerkirche]   Blick von der Hauptpost in Richtung Süden. Links der Salzburger Hof, rechts ein Gebäude, das dem Bau des Hauptpostamtes weichen musste. Am Ende der „Gartengasse", wie die Straße damals hieß, die längst verbauten Gärten, an die die Benediktinerkirche anschließt.

Ludwig Schuller – Originaltext unter dem Bild: L. Schuller lith. 1843; Gedr. b. J. Wagner.

Ludwig Schuller – Originaltext unter dem Bild: L. Schuller gez. u. lith.: Gedr. bei Wagner in Klagenfurt

Ludwig Schuller – Originaltext unter dem Bild: Wagner u. Schuller lith.; Gedr. bei Wagner in Klagenfurt

Ludwig Schuller – Originaltext unter dem Bild: Schuller gez. 1843; Gedr. bei Wagner

5 Heuplatz [Klagenfurter Heumarkt]   Damals beschaulich, heute wird das um 1781 von Johann Josef von Pfeilheim gestiftete Floriani-Denkmal von Autos umkreist. Am Heuplatz befanden sich einst auch ein Gasthaus und später das Hotel „Kaiser von Österreich" (links vor dem Turm der Stadthauptpfarrkirche zu sehen).

6 10.-Oktober-Straße [Große Schulgasse]   Blick über die 10.-Oktober-Straße nach Norden zum Neuen Platz. Links vorne das ehemalige Gebäude des Gymnasiums.

7 Karfreitstraße [Kaserngasse]   Ein Bild, das sich mit dem heutigen noch gut deckt. Der Viktringer Hof, einst Stadtsitz des Abtes von Viktring, auf der linken Seite. Rechtsseitig das einstige Khevenüller-Palais.

8 Bahnhofstraße [Kapuzinerkirche]   1843 sah es am Ende der Bahnhofstraße ganz anders aus als heute. Einzig die Kapuzinerkirche überdauerte den Wandel. Die Priesterhauskirche (1767 errichtet) wurde 1958 abgerissen. Der Feuerbach, damals noch offen geführt, ist gut zu sehen. Bachabwärts waren die Handwerker ansässig.

Ludwig Schuller – Originaltext unter dem Bild: L. Schuller gez. u. lith. 1843; Gedr. b. Wagner

Ludwig Schuller – Originaltext unter dem Bild: Wagner u. Schuller lith. 1843; Gedr. bei Wagner in Klagenfurt

Ludwig Schuller – Originaltext unter dem Bild: Wagner u. Schuller lith. 1843; Gedr. bei Wagner in Klagenfurt

Ludwig Schuller – Originaltext unter dem Bild: Wagner u. Schuller lith. 1843; Gedr. bei Wagner in Klagenfurt

1 Übersichtskarte [Innere Stadt Klagenfurt am Wörthersee] Das Zentrum der Stadt wird durch die Ringstraße – den Völkermarkter Ring, Viktringer Ring, Villacher Ring und den St. Veiter Ring – begrenzt. Die Innere Stadt war mit einer Stadtbefestigung versehen. Stadtmauerreste sind noch am Villacher Ring (Stadtgraben) erhalten; ebenso am Völkermarkter Ring, an der Kardinal- sowie der Geyerschütt und in der Kaufmanngasse (Viktringer Ring). © Karte: OpenStreetMap contributors

STADTPLAN VON KLAGENFURT

Mit einer guten Übersicht hat man gleich die perfekte Orientierung und zudem auch noch viele Ideen. Aktuelle Informationen zu den Bereichen Sehen & Erleben, Essen & Trinken, Shopping & Märkte, Hotels & Appartements, Events & Veranstaltungen sowie Reise & Verkehr gibt es unter der Adresse *www.visitklagenfurt.at* der Tourismusregion Klagenfurt am Wörthersee.

2 Historischer Plan [Innere Stadt Klagenfurt am Wörthersee]   Der Plan der Stadt Klagenfurt mit der Stadtmauer nach P. Domitianus dürfte etwa um 1770 entstanden sein. Es ist ein Grundriss einer friedsamen bürgerlichen Welt, einer Stadt, die zweifellos eine gewisse Intimität beherbergte.

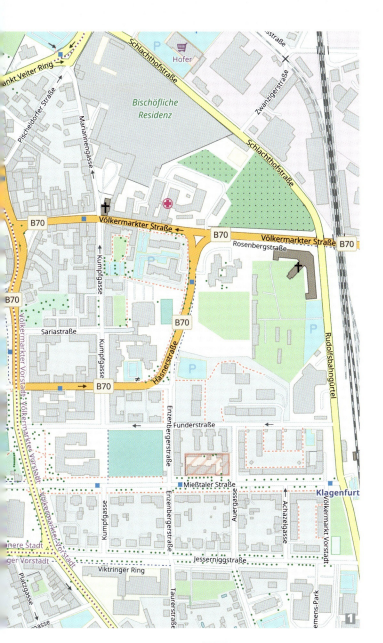

Quellenangabe/Literatur

- Wilhelm Baum, Klagenfurt. Geschichte einer Stadt am Schnittpunkt dreier Kulturen, Klagenfurt, 2002.
- Bildband Klagenfurt am Wörther See – Begegnung im Süden (3-sprachig), Verlag Johannes Heyn, Klagenfurt, 2011, 2. Auflage.
- Otto Demus, Die Kunstdenkmäler des politischen Bezirkes Klagenfurt. Die Stadt Klagenfurt; herausgegeben von Karl Ginhart, Band V/1, Klagenfurt, 1931.
- Wilhelm Deuer, Das Haus Neuer Platz 14 in Klagenfurt im Spiegel Jahrhunderte: vom Bürgerhaus und Adelspalais zur Hauptanstalt der Kärntner Sparkasse, Klagenfurt ,1988.
- Wilhelm Deuer, Das Landhaus zu Klagenfurt, Klagenfurt, 1994.
- Wilhelm Deuer, Das Haus Neuer Platz 14 in Klagenfurt im Spiegel der Jahrhunderte: vom Bürgerhaus und Adelspalais zur Hauptanstalt der Kärntner Sparkasse, 2. Auflage, 2004.
- Dehio-Handbuch, Die Kunstdenkmäler Österreichs, Kärnten. Anton Schroll, Wien, 2001.
- Nadja Danglmaier und Helge Stromberger: Tat-Orte. Schau-Plätze. Erinnerungsarbeit an den Stätten nationalsozialistischer Gewalt in Klagenfurt, Drava-Verlag, Klagenfurt, 2009.
- Joachim Eichert, Klagenfurter Spaziergänge. Historische Spuren am Klagenfurter Ring; in: Bulletin des Geschichtsverein für Kärnten, Erstes Halbjahr 2012, Seiten 10–14.
- Reinhold Gasper, Klagenfurter Geschichte und Geschichten, Band 1, Hermagoras-Verlag, 2008.
- Alexander Hanisch-Wolfram, Reformation findet Stadt. Eine evangelische Spurensuche durch Klagenfurt, Verlag des Kärntner Landesarchivs, Klagenfurt am Wörthersee, 2017
- Siegfried Hartwagner, Die Stadt Klagenfurt und ihre Kunstwerke, Klagenfurt, 1980.
- Dieter Jandl, Wilhelm Deuer (Red.), 800 Jahre Klagenfurt: Festschrift zum Jubiläum der ersten urkundlichen Nennung, Verlag des Geschichtsvereines für Kärnten, Klagenfurt, 1996.
- Dieter Jandl, Jakob Rohrmeister, „homo ludens" und Repräsentant des barocken Klagenfurt; in: Carinthia I, 195. Jahrgang, 2005, Seiten 377–389.
- Klagenfurt – eine Altstadt lebt auf, herausgegeben vom Magistrat der Landeshauptstadt Klagenfurt nach einer Idee von Dieter Jandl, Klagenfurt, 1991.
- Dieter Jandl, 800 Jahre Klagenfurt – von der Furtsiedlung zur Europastadt, Klagenfurt, Heyn, 1997
- Dieter Jandl, Klagenfurt. Historischer Überblick. Von der Siedlung an der Furt, Klagenfurt, 2013.
- Jubiläum in Grün. Klagenfurt und seine Gärten. 80 Jahre Schillerpark, 60 Jahre Schubertpark, 2. Auflage, 1990.
- Paul Kheppiz, Clagenfurterische Chronik, herausgegeben von Dieter Jandl, Klagenfurt ,1968.
- Bianca Kos, Ein Traum – Das Biedermeier, Geschichtsverein für Kärnten, Klagenfurt, 2010.
- Helgard Kraigher (Red.), Klagenfurt: auf anderen Wegen, Aufsatzsammlung, Bildband, Kärntner Druck- und Verlagsgesellschaft, Klagenfurt, 1996.
- Anton Kreuzer, Kärntner. Biographische Skizzen. 20. Jahrhundert, Klagenfurt, 1995.
- Larissa Krainer, Klagenfurt, 2005.
- Carl Lebmacher, Klagenfurt in alter Zeit, Klagenfurt, 1993.
- Gotbert Moro, Das älteste Klagenfurt, Ein Überblick von der Urzeit bis zur Gegenwart, Klagenfurt, 1950.
- Gotbert Moro (Hrsg.), Die Landeshauptstadt Klagenfurt. Aus ihrer Vergangenheit und Gegenwart. Selbstverlag der Landeshauptstadt Klagenfurt, 1970.

- Trude Polley, Klagenfurt. Vom Zollfeld bis zum Wörther See – Eine Stadt erzählt, Wien – Hamburg, 1973.
- Hansgeorg Prix, Klagenfurt einst, Verlag Johannes Heyn, Klagenfurt, 1993.
- Peter Schöffmann, Klagenfurt als Schulstadt (1848-1918), Klagenfurt, 1994.
- Hermann Th. Schneider, Die Straßen und Plätze von Klagenfurt. Selbstverlag der Landeshauptstadt Klagenfurt, 1999.
- Erwin Stein (Hrsg.), Klagenfurt – Die Städte Deutschösterreichs, Band IV, Berlin, 1929.
- Herbert Strutz, Klagenfurt – gestern und heute. Ein Rundgang durch die Stadt, Klagenfurt, 1958.
- Klagenfurt in alten Ansichten, Geleitwort von Herbert Strutz, Bilderläuterungen Hermann Schneider, Verlag Johannes Heyn, Klagenfurt, 1964.
- Eduard Skudnigg, Denkmäler in Klagenfurt und ihre Schicksale, Klagenfurt, 1984.
- Evelyne Webernig, Klagenfurt – aus der Reihe Österreichischer Städteatlas, Wien, 1991.
- Robert Wlattnig, Global-Lokal oder Flucht in die Distanz. Künstlerschicksale zwischen Provinz und Metropole. Ein Beitrag zur bildenden Kunst und Architektur des 20. Jahrhunderts in Kärnten; in: Stefan Karner, Kärnten und die nationale Frage, Band 4, Klagenfurt, 2005, Seiten 265-311.
- Robert Wlattnig, Josef Ferdinand Fromiller (1693–1760) – Aktueller Forschungsstand und Neuankäufe für das Landesmuseum. Eine kunsthistorische Würdigung zum 250. Todesjahr des berühmten Kärntner Barockmalers; in: Die Kärntner Landsmannschaft, Heft 5/6, 2010, Seiten 11–22.
- Robert Wlattnig, Josef Kassin (1856–1931). Ein bedeutender Klagenfurter Bildhauer zwischen Historismus und Moderne, Forschungsprojekt des Landesmuseums für Kärnten zum 70. Todestag des Künstlers; in: Rudolfinum, Jahrbuch des Landesmuseums für Kärnten 2000, Klagenfurt, 2001, Seiten 207–218.
- 800 Jahre Klagenfurt. Die Landeshauptstadt in Dokumenten I. Von den Anfängen bis zur Franzosenzeit, Ausstellungskatalog des Kärntner Landesarchivs, Klagenfurt, 1997.
- 800 Jahre Klagenfurt, Die Landeshauptstadt in Dokumenten II. Von der Kreisstadt zur modernen Landeshauptstadt. Bearbeitet von Wilhelm Wadl mit Unterstützung von Wilhelm Deuer und Alfred Ogris sowie Evelyne Webernig, Ausstellungskatalog des Kärntner Landesarchivs, Nr. 4, Klagenfurt, 1998.
- Altstadtwandern mit Stadtplan (Folder), Tourismusregion Klagenfurt Wörthersee GmbH, Klagenfurt am Wörthersee, 2013 (seit 2014 auch als App).
- Führer durch das Koschatmuseum in Klagenfurt. Klagenfurt, 1954.
- Führer durch das Museum des Geschichtsvereines für Kärnten und dessen Monumentenhalle im Landesmuseum zu Klagenfurt, Klagenfurt, 1927.
- https://de.wikipedia.org/wiki/Liste_der_Naturdenkmäler_in_Klagenfurt_am_Wörthersee
- https://de.wikipedia.org/wiki/Liste_der_denkmalgeschützten_Objekte_in_Klagenfurt_am_Wörthersee-Klagenfurt